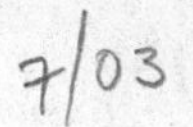

Leer como por arte de magia

Guías para padres

Últimos títulos publicados

27. F. Dolto - *¿Cómo educar a nuestros hijos?*
28. S. Greenspan y N. Th. Greenspan - *Las primeras emociones*
29. F. Dolto - *Cuando los padres se separan*
30. F. Dolto - *Trastornos en la infancia*
31. R. Woolfson - *El lenguaje corporal de tu hijo*
32. T. B. Brazelton - *El saber del bebé*
33. B. Zukunft-Huber - *El desarrollo sano durante el primer año de vida*
34. F. Dolto - *El niño y la familia*
35. S. Siegel - *Su hijo adoptado*
36. T. Grandin - *Atravesando las puertas del autismo*
37. C. S. Kranowitz - *101 actividades para entretener a tu hijo en lugares cerrados*
38. F. Dolto - *La educación en el núcleo familiar*
39. J. G. Fitzpatrick - *Cuentos para leer en familia*
40. R. A. Barkley - *Niños hiperactivos*
41. D. N. Stern - *Diario de un bebé*
42. D. N. Stern y otras - *El nacimiento de una madre*
43. G. Nagel - *El tao de los padres*
44. P. Ekman - *Por qué mienten los niños*
45. R. Schwebel - *Cómo tratar con sus hijos el tema del alcohol y las drogas*
46. F. Dolto - *Las etapas de la infancia*
47. J. Natanson - *Aprender jugando*
48. R. A. Barkley y C. M. Benton - *Hijos desafiantes y rebeldes*
49. L. Britton - *Jugar y aprender. El método Montessori*
50. L. Lawrence - *Ayude a sus hijos a leer y escribir con el método Montessori*
51. A. Gesell - *El niño de 1 a 4 años*
52. A. Gesell - *El niño de 5 y 6 años*
53. A. Gesell - *El niño de 7 y 8 años*
54. A. Gesell - *El niño de 9 y 10 años*
55. A. Gesell - *El niño de 11 y 12 años*
56. A. Gesell - *El niño de 13 y 14 años*
57. A. Gesell - *El adolescente de 15 y 16 años*
58. R. Pérez Simó - *El desarrollo emocional de tu hijo*
59. M. Borba - *La autoestima de tu hijo*
60. P. G. Zimbardo y S. Radl - *El niño tímido*
61. G. Pinto y M. Feldman - *Homeopatía para niños*
62. L. Lipkin - *Aprender a educar con cuentos*
63. M. Stanton - *Convivir con el autismo*
64. K. Miller - *Cosas que hacer para entretener a tu bebé*
65. Ch. Rogers y G. Dolva - *Nuestra hija tiene síndrome de Down*
66. A. Rosenfeld y N. Wise - *La hiperescolarización de los niños*
67. K. Miller - *Más cosas que hacer para entretener a tu bebé*
68. J. R. Johnston y otros - *Cuentos para enseñar a tus hijos a entender el divorcio*
69. C. Mathelin - *¿Qué le hemos hecho a Freud para tener semejantes hijos?*
71. T. Attwood - *El síndrome de Asperger*
72. S. Newman - *Paso a paso*
73. M. Fox - *Leer como por arte de magia*

Mem Fox

Leer como por arte de magia

Cómo enseñar a tu hijo
a leer en edad preescolar
y otros milagros de la lectura
en voz alta

Ilustraciones de Judy Horacek

PAIDÓS
Barcelona
Buenos Aires
México

Título original: *Reading Magic*
Originalmente publicado en inglés, en 2001, en Pan por Pan Macmillan Australia Pty Limited, Sydney

Traducción de Joan Carles Guix

Cubierta de Julio Vivas

ISBN: 84-493-1359-7
Depósito legal: B. 17.230-2003

Impreso en Novagràfik, S. L.
Vivaldi, 5 - 08110 Montcada i Reixac (Barcelona)

Impreso en España - Printed in Spain

Para Jim Trelease, el rey de la lectura en voz alta

Sumario

Agradecimientos

Quiero dar las gracias a Sue Williams y Jane Coverton, los divinos editores de mi primer libro, *Possum Magic*, que me instaron a escribir este libro y que pusieron la pelota en juego. También deseo expresar mi más sincero, profundo y eterno agradecimiento a Jenny Darling, mi querida agente, que cogió la pelota, corrió con ella, la botó y dribló a cuantos oponentes se interpusieron en su camino con tanta energía y eficacia que casi sufro un desvanecimiento contemplándola desde la banda. Y, por último, vaya mi infinita gratitud hacia mi adorada editora, Allyn Johnston, cuyo trabajo en este libro me causó una honda impresión y me dio un gran ánimo.

Dinos el secreto de tu éxito, ¡oh, Supermán!
De pequeño me leían en voz alta
horacek

1

El milagro de *The Foot Book*

Un día de 1975, nuestra hija Chloë llegó de la escuela en un extraordinario estado de excitación y exclamó: «¡Ya sé leer!». Tenía 4 años y sólo hacía dos semanas que asistía a la escuela. Esbozamos una sonrisa indulgente como lo hacen los padres ante las monerías de su hijo. ¿Leer? Debía de estar bromeando.

Chloë corrió a su habitación y regresó con *The Foot Book*, del doctor Seuss, uno de sus libros favoritos en aquella época, y empezó a leerlo palabra por palabra y con entonación. No podíamos dar crédito a nuestros oídos.

¿Realmente era capaz de leer? Le habíamos leído tantas veces ese libro que pensamos que podía haberlo memorizado. Vacilamos un instante, reacios a empañar su entusiasmo, y luego abrimos el libro al azar para comprobar si efectivamente podía leer una página cualquiera ella sola, sin recitar todo el libro de memoria desde el principio. Leyó aquella página, y luego otra y otra.

Por aquel entonces, yo daba conferencias en la universidad e impartía clases de teatro. No sabía nada en absoluto de enseñar a leer. Desde mi punto de vista, era «sólo» una madre. De modo que, al día siguiente, me apresuré a acudir a la escuela de Chloë para hablar con su maestra de lo sucedido.

—¿Qué ha hecho? —le pregunté con impaciencia—. ¿Qué método ha utilizado? ¡Es un milagro!

—No lo creo —dijo ella—. ¿Cómo podría haber hecho algo semejante? Lleva sólo dos semanas en mi clase. Tal vez le haya leído a menudo antes de llevarla a la escuela.

—Por supuesto que sí —respondí.

—Pues ahí está la clave —replicó la maestra, como si tal cosa.

Desde aquel momento quedé fascinada por los beneficios de la lectura en voz alta. Se habían sembrado las semillas que originarían un cambio en mi carrera docente: del teatro a la alfabetización. Si leer en voz alta a mi hija había influido tan poderosamente en su desarrollo y, en particular, en su capacidad de aprender a leer, no podía guardar el secreto; tenía que pregonarlo a voces.

* * *

Durante los últimos veinticinco años he aprendido mucho acerca del proceso de aprendizaje infantil de la lectura y la escritura, así como de otros muchos efectos positivos que se derivan de leer en voz alta a los niños. En la actualidad viajo por el mundo hablando a los padres, profesores, bibliotecarios y libreros y urgiendo a todo el mundo a que lean en voz alta a sus hijos y explicando el porqué. Lo hago con la autoridad de una consultora internacional en alfabetización y la vehemencia de una escritora, aunque mi apasionamiento es mayor cuando lo hago como una madre más. Leer en voz alta a mi hija fue una experiencia fabulosa. Establecimos un sinfín de vínculos emocionales a través de toda clase de libros maravillosos. Nos descubrimos y amamos a través de la amplia variedad de cuentos que compartimos. No me daba cuenta de que leerle en voz alta con regularidad contribuiría a que Chloë aprendiera a leer sin necesidad de que nadie le enseñara.

Estar juntas era más que suficiente.

2

La magia en acción

Hace algunos años participé en el rodaje de un programa de televisión nacional acerca de los beneficios que se derivaban de la lectura en voz alta a los preescolares. Se me indicó que hablara directamente a la cámara, dirigiéndome a los padres de un niño de 3 años para explicarles por qué deberían leerle en voz alta.

Aquellos padres estaban decididos a hacer lo mejor para su pequeño, pero casi nunca le habían leído hasta aquel entonces ni se habían dado cuenta de la importancia de hacerlo. El niño no leía ni escribía una sola palabra.

Ese día me asombró descubrir que, después de todo, no iba a poder charlar con los padres. El director quería que le leyera al niño para demostrar cuán deliciosa y alegre era la atmósfera creada por la lectura en voz alta.

—¡No conozco a ese niño! —pensé—. ¡No lo he visto en mi vida! Lo apabullaré con mi arrolladora personalidad. ¿Cómo podemos ser amigos y aprender a leer juntos si ni siquiera sabemos quiénes somos?

Nos apremiaba el tiempo, pero aun así me las arreglé para apartar a Ben (no es su nombre real) de las cámaras y las luces durante unos minutos para conducirlo hasta el coche, cogido de la mano, y compartir en privado los regalos especiales que había traído para él: un póster de mi nuevo libro, *Time for Bed*, y un ejemplar del mismo.

Momentos más tarde, echados en el suelo de la sala de espera y con las cámaras rodando, leí para él. Y luego, *él leyó para mí*. Todo ocurrió en quince minutos.

La noche antes de la emisión del programa habían televisado un anuncio que estuvo a punto de ocasionarme un ataque epiléptico. Decía lo siguiente: «¡Esta mujer afirma que es capaz de enseñar a leer a su hijo en quince minutos!». Ni se me había pasado por la imaginación algo semejante. Habría pecado de prepotencia.

Pero lo cierto es que a los quince minutos de leerle en voz alta a Ben, el pequeño ya ponía los dedos debajo de las palabras correctas, luego hizo una mueca y dijo: «Es hora de acostarse». El cámara dio un respingo, el técnico de sonido se inclinó hacia delante y el director dio unos pasos de baile. Los padres guardaban silencio, atónitos, sumidos en un mar de incredulidad.

Incluso yo misma pensé que había sido una casualidad. De manera que pasé la página y dije: «Y ¿qué tenemos en esta página?». Una vez más, Ben puso su dedito debajo de las palabras, soltó un gritito y dijo: «Es hora de acostarse». Y cuando pasé otra página, hizo lo mismo. Todo estaba grabado. Aquel niño normal, hijo de padres normales y al que nunca antes había visto, había empezado a aprender a leer en quince minutos.

* * *

Para explicar mi éxito con Ben podría decir que utilicé tres libros ilustrados muy sencillos: mis *Time for Bed* y *Hattie and the Fox*, y *Who Sank the Boat?*, de Pamela Allen. Ésta sería la explicación. También podría decir que los escogí porque todos ellos tenían los mismos animales, así como los importantes elementos de la rima, el ritmo o la repetición. También ésta sería la explicación.

Pero, en mi opinión, la razón más importante fue lo que ocurrió entre el niño y yo. Se manifestó una especie de ingenuo frenesí y juego infantil entre ambos, en el que yo reía, gritaba y decía «¡Sí! ¡Sí! ¡Sí!» en un tono cada vez más fuerte, y abrazaba a Ben, que reía y chillaba como si aquella «lectura» fuese lo más divertido que hubiese hecho en la vida. Rodábamos por el suelo y golpeábamos el libro con las manos a cada nuevo: «Es hora de acostarse», gritando alborozados a medida que se revelaban aquellas palabras en cada página.

No estábamos tensos ni tampoco serenos, y aunque buscábamos y encontrábamos los mismos animales de granja en cada libro, nuestro júbilo y también nuestra intimidad se incrementaban con cada nuevo hallazgo.

«¡*Otro* cerdito! ¡Oh, no! ¡*Otro* caballo! ¡Y mira, hay una vaca en este libro, y otra en éste, y otra más en *este* otro! ¿Puedes creerlo? ¡Vacas, vacas en todas partes!»

El rostro de Ben estaba iluminado. Me lo habría comido. Era tan adorable y le brillaban tanto los ojos. Era un pequeño muy especial. Cada vez que lo levantaba en el aire, le daba un enorme abrazo y le decía: «¡Pero qué inteligente eres!», estaba fascinado. Habríamos podido estar jugando con libros durante horas. No queríamos parar. Qué felices éramos.

¿A quién puede extrañarle, entonces, que aquel niño de 3 años se sintiera lo bastante relajado como para empezar a aprender a leer en quince minutos y que deseara seguir adelante? Las recompensas eran múltiples. Le gus-

taba el juego al que jugábamos porque me aseguraba de que siempre «ganara» él. Los libros en sí mismos eran muy divertidos, con todo su lenguaje rítmico y atropellado, y sus palabras alocadamente repetidas página tras página. Pero lo mejor de todo era que se lo estaba pasando en grande con una nueva amiga: yo. Éramos colegas.

Implicarse en esta especie de conspiración con los niños tal vez sea el mayor de los beneficios que se obtienen de leerles en voz alta. Compartimos las palabras y las ilustraciones, las ideas y los puntos de vista, los ritmos y las rimas, las dificultades y la holgura, y las esperanzas, los miedos y los grandes temas de la vida que encontramos juntos en las páginas de un libro.

Cuando nos dedicamos a leer en voz alta a los niños, establecemos un vínculo muy estrecho con ellos en una sociedad secreta relacionada con los libros que hemos compartido. El fuego de la alfabetización está creado por los destellos emocionales que vuelan cuando un niño, un libro y el adulto que lee entran en contacto. No se consigue con el libro solo, ni con el niño solo, ni tampoco con el adulto solo, sino mediante la relación que se establece entre los tres y que los une en una suave armonía.

Leer en voz alta no debería entenderse como un curioso suceso del tipo «Esto es ideal para vuestro hijo» para las madres y los padres. Cuando nos implicamos en la lectura en voz alta para nuestros hijos y otros niños, a menudo nos olvidamos por completo de que *deberíamos* leer en voz alta. Nos divertimos tanto y nos relacionamos tan cálidamente con los pequeños al leer juntos que se convierte en una deliciosa experiencia, casi «achocolatada».

Ésta es precisamente la experiencia que vivió mi peluquera. Su hija, Tiffy, pura dinamita, leía con una extraordinaria expresión a todo el vecindario cuando estaba a punto de cumplir 6 años, y todo el mundo le decía a su madre: «Debes de haberle enseñado. ¡Va tan adelantada!».

—¿Enseñarle? —respondía la madre—. Por supuesto que no. No sabría cómo. Además, ni siquiera me habría atrevido a hacerlo por miedo a equivocarme. Me limitaba a leerle en voz alta.

Sus amigas no la creían. Parecía demasiado fácil.

* * *

Aunque leamos en voz alta a nuestros hijos, no siempre aprenderán a leer antes de ir a la escuela, lo cual está muy bien. Los maestros profundizarán en los sólidos cimientos de lectura en voz alta que les hemos proporcionado no sólo nosotros, sino también los cuidadores y canguros durante la etapa preescolar, y los niños así atendidos se mostrarán perfectamente predispuestos a leer por sí solos.

Los problemas de lectura son difíciles de solucionar, pero muy fáciles de prevenir. La prevención tiene lugar mucho antes de que el niño empiece a ir a la escuela. En mi opinión, la gran ventaja de aprender a leer antes de la escuela, o poco después de haber empezado en ella, reside en que, obviamente, es mucho más complejo para los maestros prestar atención a una clase llena de niños que no leen de lo que lo es para un padre o una madre concentrarse en uno o dos. Así pues, no es una mala idea dar a los niños un ligero impulso inicial mediante la lectura en voz alta en casa.

Si todos los padres comprendieran los excepcionales beneficios educativos y la profunda felicidad que se obtienen al leer en voz alta a los niños, y si todos los padres, y cualquier otro adulto que cuide de los niños, les leyera en voz alta un mínimo de tres cuentos al día, probablemente conseguiríamos erradicar el analfabetismo en una generación.

¿Qué nos impide hacerlo? ¡Adelante!

3

Nacimientos, cerebros y más allá

El primer día de escuela ya es demasiado tarde para que un niño empiece a aprender a leer. ¡Así de aterradora es la realidad! Recientes investigaciones sobre el cerebro han revelado que los primeros años de la vida son más críticos en el desarrollo de un niño de lo que podríamos imaginar. El cerebro infantil empieza a desarrollarse desde el momento del nacimiento. Los bebés están vinculados a los sentidos del tacto, gusto, olfato, vista y oído cada vez que se les alimenta, se juega con ellos, se les habla, se les canta y se les lee. Es como si el cerebro fuese un acróbata que aprende fantásticos trucos con cada nueva pieza de información, con cada fragmento de nueva estimulación. Las conexiones cruciales que determinan cuán inteligente, creativo e imaginativo será un niño ya están establecidas desde que el niño cumple su primer año.

A la edad de 1 año casi todos los niños han aprendido todos los sonidos que componen su lengua hablada nativa. De ahí que sea imposible hablar sin un acento deficiente las lenguas que se aprenden más adelante en la vida. Carecemos de las conexiones cerebrales correctas establecidas desde la más tierna infancia; eso explica la dificultad que tienen los anglosajones con la «r» francesa y la entonación del chino, la dificultad de los japoneses con la «r» inglesa y la dificultad que tenemos todos en general cuando intentamos aprender un idioma extranjero después de los 12 años. Dado que aprender a leer es muy similar a aprender una lengua extranjera, debemos recurrir a la lengua «nativa» de los libros, como en el caso de la gramática formal que se puede encontrar en los cuentos y convenciones de «Érase una vez» o «Y vivieron felices por siempre jamás», para vacunar a los niños contra el analfabetismo en este importantísimo primer año de su existencia, al igual que los vacunamos contra el sarampión y la polio.

Los fundamentos del aprendizaje de la lectura se establecen desde el momento en que un niño oye los primeros sonidos de la gente hablando, las letras de las canciones y los ritmos y repeticiones de los poemas y los cuentos. Los niños a los que no se habla, canta o lee en voz alta con regularidad desde su nacimiento tienen muchas más dificultades en la escuela. En especial, aprender a leer se convierte en un gigantesco obstáculo, en lugar de en un inesperado placer.

Leer en voz alta a los niños en las primeras etapas de su vida también desarrolla rápidamente sus técnicas de lenguaje oral. No aprenden a hablar —no pueden hacerlo— a menos que se les hable. De ahí que los psicólogos y especialistas en trastornos del habla nos aconsejen mantener conversaciones cariñosas, divertidas y profundamente significativas con nuestros hijos mucho antes de que cumplan 3 años, conversaciones que también están vinculadas positivamente al desarrollo del cociente intelectual. En este sentido, cuanto más hablemos con los niños, más inteligentes serán.

Las sesiones de lectura en voz alta son momentos ideales para entablar una conversación, pues tanto el lector como el oyente tienen la oportunidad de charlar hasta la saciedad del cuento, las ilustraciones, las palabras, los valores y las ideas. Leer en voz alta y hablar de lo que se está leyendo agudiza el cerebro del niño y lo ayuda a desarrollar su capacidad de concentración y de resolución de problemas, aplicando la lógica y a expresarse con más facilidad y claridad. Los cuentos que oyen les proporcionan frases ingeniosas, nuevas oraciones y vocablos de un sutil significado.

Empiezan a comprender a una temprana edad cuál es el aspecto de la letra impresa, la forma en que las palabras construyen las frases, cómo funciona el mundo —qué sucede y por qué— y cómo se combinan todos estos factores para crear un significado. Dicho de otro modo, aprenden a leer.

No es de extrañar que los expertos nos digan que los niños necesitan que se les lean mil cuentos en voz alta antes de empezar a aprender a leer por sí solos. ¡Mil! Suena aterrador, pero, si se calcula el número de cuentos que se deberían leer a diario, el resultado es mucho más asequible de lo que podría parecer en un principio. Tres cuentos al día nos proporcionarán los mil cuentos anuales que habría que leerles durante los cuatro o cinco años anteriores al inicio de la escolaridad. ¡Se puede hacer!

El ideal de «tres cuentos» al día se reparte de la siguiente forma: uno de sus favoritos, otro con el que el pequeño ya esté familiarizado y otro nuevo, aunque también se puede optar por leer tres veces el mismo. No hace mucho, estaba tomando un café con un amigo, un abuelo perdidamente enamorado de su nieta. Aquella mañana, la niña, Niav, de 2 años, le había pedido que le leyera varias veces el mismo libro de ilustraciones durante cuarenta minutos. Con aquel tipo de sesiones de lectura en voz alta estaban en el buen camino hacia el objetivo recomendado de mil cuentos.

* * *

Dado que las palabras son esenciales para establecer las conexiones correctas en el cerebro, cuanto más lenguaje experimenta el niño —mediante los cuentos y la conversación con los demás, *no pasivamente frente al televisor*—, más aventajado será desde un punto de vista social y educativo durante el resto de su vida. Y, a la inversa, cuantas menos palabras experimente, aprenda y utilice antes de ir a la escuela, más «entumecido» estará su cerebro.

Mucha gente cree que la televisión proporciona los suficientes recursos lingüísticos para que los niños aprendan a hablar. Es cierto que existen programas educativos muy meritorios, pues cuentan una infinidad de cuentos a los niños, lo cual constituye un fundamento muy importante para la lectura. Pero el principal inconveniente de la televisión consiste en que no desarrolla la capacidad de hablar de los niños, aunque se trate de un programa educativo y por muchas palabras que se viertan en él. En realidad, la televisión no habla a los niños; les habla y ellos no pueden responder, y la respuesta es precisamente la clave del aprendizaje de un lenguaje.

Una amiga mía con un hijo de 11 meses tiene la casa llena de libros ilustrados para que los mire a todas horas, además de valiosas ediciones firmadas que guarda fuera de su alcance. Cuando dice: «Ryan, ¿echamos una ojeada a los libros especiales?», el niño emite agudos grititos de excitación. Casi tiembla, pues sabe que, cuando aparecen los libros especiales, él y su madre los leerán juntos y que disfrutará de toda la atención de mamá mientras charlan sobre los cuentos que están leyendo. Gracias a esta interacción, es muy probable que Ryan nunca necesite recurrir a los servicios de un logopeda. Aunque sólo cuenta con 11 meses, su madre lo estimula a responder a su manera.

La doctora Sue Hill, experta en primera infancia de la Universidad de Australia del Sur, afirma que el desarrollo de los vínculos interpersonales y de la alfabetización se produce cuando leemos y comentamos cosas ordinarias con nuestros hijos, cosas tales como catálogos de Navidad, cajas de cereales y vallas publicitarias. Ni que decir tiene que libros sencillos e intrigantes como *Dónde está Spot*, de Eric Hill, por ejemplo, resultan más divertidos y más interesantes para un niño pequeño, pero lo cierto es que cualquier elemento de letra impresa tendrá un efecto positivo en el niño, siempre que éste tenga la oportunidad de responder.

* * *

Eamon, el hijo de mi editora, Allyn Johnston, tiene la oportunidad de «responder» a las postales. Allyn viaja mucho por razones de trabajo y envía a su hijo postales desde los lugares a los que va. Eamon las recoge del buzón y las lee con su padre. Es todo un consuelo durante su ausencia. Las postales se convierten en un tema de conversación. Papá habla a Eamon y éste responde. A través de las postales también empieza a comprender por qué leemos: al ver la letra impresa es consciente de la finalidad de enviar un mensaje real de una persona a otra.

* * *

Es difícil encontrar tiempo libre para hablar un buen rato con nuestros hijos. La vida en el siglo XXI resulta agotadora. Para los padres cuya profesión les consume el tiempo y pone en peligro sus relaciones interpersonales —y me refiero tanto a los padres ocupados como a las madres ocupadas—, la sesión de lectura en voz alta entre un padre y un hijo constituye uno de los remedios de rescate más eficaces que tienen a su disposición. El tiempo que pasan juntos leyendo proporciona al niño una clara evidencia del amor, cuidado y atención de su padre o madre, y a éstos les ofrece la oportunidad de aislarse del resto del mundo, relajarse y conectar con el pequeño de una forma maravillosa.

* * *

Uno de los efectos más importantes, aunque poco conocidos, de la lectura en voz alta consiste en el lenguaje privado que se desarrolla en las familias a través del vocabulario y la experiencia de la lectura compartidos. Cuando Chloë tenía 6 años, hicimos juntas una excursión. Incluso antes de abrir la cesta, preguntó qué había de postre. Le dije que antes de llegar a los postres había otros muchos alimentos deliciosos.

«Bueno, al fin y al cabo uno tiene que alimentarse», dijo en su tono especial de niña de 6 años. La frase procedía de *Winnie the Pooh*. Con el tiempo se convirtió en una de las réplicas habituales en nuestra familia, sobre todo cuando mi esposo, Malcolm, se comía todo el chocolate que había en casa.

«Bueno, al fin y al cabo uno tiene que alimentarse», decía, con una mirada de culpabilidad. Estábamos entretejidos en la misma urdimbre familiar por medio de un lenguaje de cuentos que carecía de significado para cualquier persona ajena a nuestro trío. Era una especie de código privado de «intimidad» que nos unía estrechamente.

La confusión que se produce cuando los niños y los padres no conectan los perturba hasta mucho después de la infancia. En su espléndida obra, *Psicoanálisis de los cuentos de hadas*, el prestigioso psicólogo infantil Bruno Bettelheim asegura que los niños necesitan saber, por encima de todo, que sus padres los quieren. Independientemente de cuánto los quieran sus abuelos, sus cuidadores y otras personas, el amor que realmente ansían los niños es el de sus padres. Y los padres pueden demostrar ese amor dedicándoles tiempo —basta con quince minutos— a leerles cuentos en voz alta, a hablar con ellos y a estrechar así los vínculos paternofiliales.

* * *

En una ocasión, cuando Chloë ya era adulta, le pregunté con una velada inquietud si se había sentido ignorada de niña en medio del espantoso ajetreo derivado de mi profesión, de la de su padre y de las responsabilidades del hogar. Quedó asombrada.

—Pero ¿acaso no era el centro de vuestro mundo? —preguntó.

—¿Crees que lo eras? —insistí.

—Por supuesto que sí. *Era* el centro de vuestro mundo, ¿no es cierto?

—Sí, sí, lo eras —repuse.

—Entonces, ¿qué te preocupa?

—¡Oh! Nada, en realidad...

De algún modo, en medio del caos que rodeaba su infancia, captó la idea de que era el centro de nuestra atención. No hay duda de que había sido —y sigue siendo— una niña adorada, pero ¿exactamente cómo había llegado a la conclusión de que nos importaba más a Malcolm y a mí que ninguna otra cosa en el universo?

En parte fue una consecuencia de los ratos que le leíamos en voz alta antes de acostarse. Nos sumergíamos en nuestro propio mundo, charlábamos de los cuentos, los comparábamos con otros, nos identificábamos con Eeyore en *Winnie the Pooh* sobre la falta general de «cordialidad» en su vida, usando nuevas palabras como «soporífero», de los cuentos de *Perico el conejo travieso*, asombrándonos de que volvieran a darle una zurra al patito en *La historia de Ping*, chismorreando sin la menor vergüenza acerca de la gente que conocíamos y que se parecía a los personajes de los cuentos, discutiendo las Grandes Cuestiones de la Vida a medida que aparecían en los dilemas y decisiones que se nos planteaban, evocando recuerdos, sopesando lo correcto y lo incorrecto, lo bueno y lo malo. Y luego, después de haber hablado una y mil veces, se acurrucaba y se quedaba dormida con la cabecita llena de ideas, el corazón en paz y un cerebro funcionando a un ritmo vertiginoso a causa de la excitación de la lectura y las charlas.

an) y fuera de la
caballos tordos se
el propio establo del rey; el
porte altivo de un emperador, y
detrás y le decían: «Procura
on el pueblo al galope
uando todos cuantos
horacek

4

El poder

Tan grande es el poder de la lectura en voz alta que Moreen Fielden, directora de The Gillespie School, una escuela elemental privada de San Diego, lee en voz alta a toda la escuela cada viernes. La profunda convicción de los extraordinarios beneficios educativos de esta práctica la llevó a organizar una sesión diaria de lectura en voz alta para toda la escuela hasta que, muy a su pesar, las cargas de trabajo se lo impidieron.

Esta historia se puede comparar con la de un ignorante director en New Hampshire que se presentó en una clase para ver al profesor en acción con la finalidad de evaluarlo y descubrió que el profesor estaba leyendo en voz alta a sus alumnos.

—Volveré más tarde —murmuró— cuando esté *enseñando*.

* * *

No hay duda de que leer instruye, ni tampoco de que a los niños pequeños —y también a los mayores— les encanta que les lean en voz alta. Colin Thiele, el querido escritor de los niños australianos, creció en el valle de Barossa, en el sur de Australia, y acudía a una escuela en una zona propensa a las inundaciones. En los días de inundación, cuando la mitad del alumnado no podía desplazarse a la escuela, el profesor, que no quería «desperdiciar» su talento académico con tan escasa concurrencia, se dedicaba a leer en voz alta. Aquellos días eran mágicos para Colin según dice, aprendió más a leer y a escribir que en las clases formales durante el resto del año.

Roald Dahl, el famoso escritor británico de *Charlie y la fábrica de chocolate* y otros maravillosos relatos de ficción tanto infantiles como para adultos, también asegura que las sesiones de lectura en voz alta constituyen uno de sus recuerdos más dichosos del internado, y que le enseñaron más a escribir que las clases convencionales de lengua inglesa. Los sábados por la mañana, para que estuvieran ocupados y no armaran jaleo, la directora leía en voz alta a los niños que no podían regresar a sus hogares durante los fines de semana, lo cual les proporcionaba un par de horas semanales de fascinación en un centro que, dicho sea de paso, no tenía nada de fascinante.

Cuando era profesora, a menudo empezaba el curso leyendo en voz alta una novela infantil el primer día de clase a los futuros maestros, con el fin de practicar con el ejemplo. La edad de los alumnos oscilaba entre 17 y 24 años, pero en sus ojos, completamente abiertos, se adivinaba una extraordinaria emoción. Incluso a los jugadores de fútbol de mis clases les encantaba que les leyera en voz

alta. Se sentaban como ratoncitos silenciosos y se dejaban llevar por el argumento del relato.

Una de las novelas que solía leer era *Stone Fox*, de John Gardiner. En la última parte del libro, cuando sucede un hecho terrible e inesperado, se producía un murmullo colectivo en el aula y, cuando terminaba la lectura, el final les causaba tal impacto que reinaba el más absoluto de los silencios.

Cuando vuelvo a ver a mis ex alumnos, a menudo me dicen que lo que más recuerdan de mis clases es la lectura en voz alta: cómo se divertían y la importancia que tenía. Uno de ellos dijo: «De verdad, Mem, si algún día pasas por delante de mi clase y no estoy leyendo en voz alta a los niños, ¡abre la puerta, entra y ocupa mi puesto!».

* * *

Luego está Jonás, un pequeño de quien oí hablar en una escuela de Illinois. Estaba en una clase para niños cuya vida familiar presagiaba la necesidad de una ayuda adicional para aprender a leer y escribir, y tenía una profesora brillante y apasionada que llevaba más de treinta años trabajando con niños pequeños con un éxito inusitado. A Jonás le encantaba su maestra, y sobre todo le gustaba escuchar los cuentos que leía.

Leía en voz alta varias veces al día, pues sabía que aquello les hacía sentir más felices y fomentaba su inteligencia. En particular, era consciente de los efectos tranquilizantes de la lectura en voz alta cuando los niños se subían por las paredes. Les leía hasta que, poco a poco y uno a uno, volvían a serenarse y se sentaban en silencio a sus pies, hipnotizados por el ritmo de las palabras y fascinados por su magia.

Un día, un niño provocó a Jonás, que reaccionó violentamente, de una forma insólita en él, clavándole un lápiz en el brazo. La profesora, atónita, lo llevó al despacho del director, gesto al que recurría en contadísimas ocasiones y que nunca antes se había visto obligada a utilizar con Jonás. Explicó al director la falta que había cometido el pequeño y se propusieron encontrar un castigo acorde con la misma.

—¿Qué sugerirías, Jonás? —preguntó amablemente la maestra. En aquellos momentos, el niño se sentía muy arrepentido y le remordía la conciencia.

—¿Qué castigo crees que sería apropiado? —insistió la maestra.

Al final, entre sollozos, Jonás dijo:

—Supongo... supongo... supongo que podría dejar de leer en voz alta para mí.

5

Leer con regularidad

El mejor momento para empezar a leer en voz alta a un bebé es el día de su nacimiento. El ritmo cadencioso de un sencillo libro de cuentos para la hora de acostarse en su primer día, emocionante y agotador, relaja tanto a los ansiosos padres como al recién nacido y estrecha los vínculos mutuos. Proporciona a los padres y al niño algo de que «hablar» juntos y, para el asombro de la mayoría de los adultos, a los bebés recién nacidos les encantan los libros. Responden al brillo de las ilustraciones, al ritmo de las palabras y a la presencia de un adulto cariñoso.

Paula, una de mis vecinas, tiene un bebé de seis meses llamada Mónica. Cuando le pregunté qué tal se portaba la pequeñina, Paula me dijo que le *fascinaban* sus libros. Pensé que bromeaba, pues sabe perfectamente cuán loca estoy por los niños y los libros.

—¡No, no, lo digo en serio! —insistió Paula—. Le encantan. Sonríe, agita los brazos, hace ruiditos y presta mucha atención cuando nos sentamos en aquella silla especial y empiezo a leer. Adora sus libros, es la pura verdad. No bromeo.

¡A los 6 meses! No empecé a leerle a Chloë hasta los 10 meses, pues creía que antes sería demasiado pronto. ¡Cuando pienso en el tiempo que perdí!

Cuando se trata de niños muy pequeños ni siquiera hace falta que les leamos un libro infantil. Una de mis alumnas de magisterio tuvo un bebé en el momento más inesperado, precisamente cuando las cosas estaban más difíciles en su curso universitario. Por supuesto, aquello redujo el tiempo de que disponía para leer cuentos infantiles, de manera que decidió leerle en voz alta los artículos y libros que había asignado para aquel semestre. El bebé nunca descubrió la diferencia. Lo arrullaba el sonido de la voz tranquilizadora de su madre y la certeza reconfortante de saber que estaba junto a él.

* * *

Leer en voz alta desde el nacimiento, como mi alumna hizo con su pequeñín, evita una infinidad de problemas de lectura. Por ejemplo, una madre que conocía la importancia de leer en voz alta se lamentaba en una ocasión de que su hijo no se sentaba tranquilamente ni se estaba quieto durante las sesiones de lectura. «No aguanta ni un cuento», decía.

Tal vez no empezara a leerle en voz alta lo bastante pronto. Los niños a los que se lee en una etapa temprana de su vida y con regularidad adquieren enseguida la técnica de la escucha y el deseo de escuchar cuentos. Comprenden cuáles son los inmensos placeres que proporciona la espera y desarrollan la capacidad de concentrarse y relajarse.

Si los niños no aprenden cuanto antes a concentrarse durante todo un cuento —o por qué es preciso hacerlo—, nunca estarán en condiciones de leer un libro por sí solos. Los niños varones, en especial, pueden juguetear y hacerse los revoltosos, dejando que la mente se ocupe de centenares de otras cosas, interrumpiendo la lectura con excesiva frecuencia y correteando de un lado a otro. Cuanto antes empecemos, mejor.

* * *

A Hunter, el nieto de una amiga, le leían desde una tierna edad. Al cumplir los 2 años era capaz de concentrarse

«leyendo» cinco o seis cuentos por sí solo antes de que sus padres se los leyeran en voz alta. Los libros le atraían tanto que no sentía deseos de jugar y corretear.

Si el nacimiento es el momento adecuado para empezar a leer en voz alta, ¿cuál es el momento más apropiado del día? Cuando sea posible y tan a menudo como sea posible. Deberíamos asegurarnos de tener a mano los libros favoritos de los niños cuando es previsible que puedan aburrirse, inquietarse, llorar, irritarse o corretear de un lado a otro. Los libros eliminan el tedio en la sala de es-

pera del médico, viajando en autobús, tren o avión, sentados esperando a mamá o papá en la peluquería, el dentista o una reunión. Los libros tranquilizan a los niños cuando se han peleado o han estado alborotando en casa. Los libros les hacen sentir mejor cuando están enfermos. Los libros evitan que se sientan inquietos o preocupados cuando necesitamos que se porten como es debido, como en la iglesia, durante la comida o visitando a unos parientes o amigos.

* * *

Y luego, como es natural, están los libros en casa. Mi editora, consciente de que tanto ella como su hijo están separados durante todo el día y de que los dos sienten nostalgia, le lee en voz alta antes de levantarse por la mañana, para poder disfrutar de unos momentos especiales juntos antes de iniciar la jornada. Nunca antes había oído hablar de semejante rutina y apenas podía creerlo cuando me lo contó. Me sentí francamente incómoda. Su casa debía funcionar con un reloj diferente del mío. Cuando Chloë era pequeña, por las mañanas siempre reinaba el mayor de los caos: un prolongado combate de gritos hasta que todos estábamos en la puerta, listos para salir. Cada familia tiene sus propias rutinas y lo que funciona para una hace estragos en otra. Cada cual hace lo que cree que es correcto dadas sus circunstancias particulares. Lo que importa es hacerlo.

* * *

Aunque una sesión de lectura en voz alta se puede realizar en cualquier momento, también es importante disponer de un ritual en casa, cada noche, en el mismo lugar, a la misma hora, con los mismos cojines o almohadas, los mismos animales de peluche y los mismos libros. Según Margaret Mead, la prestigiosa antropóloga, los niños no sólo aprecian la seguridad de una vida predecible, sino que también necesitan rutinas regulares para sentirse seguros en su entorno. Así pues, si bien las sesiones de lectura en voz alta pueden tener lugar en cualquier momento, también deben realizarse a la hora de acostarse.

Si ignoramos el hábito de la lectura en voz alta, corremos el riesgo de que se nos escape de la rutina familiar. Aunque otras cosas nos puedan parecer más urgentes, ¿qué podría ser más importante que la alfabetización de nuestros hijos y las interacciones amorosas que se producen durante una sesión de lectura en voz alta? ¿Es una excusa sentirse fatigado? El precio de *no* leer en voz alta es demasiado elevado.

* * *

Es beneficioso seguir leyendo en voz alta a los niños siempre que nos permitan hacerlo, incluso si ya han aprendido a leer por sí solos. Una de mis profesoras de la universidad leyó a sus hijos hasta los 18 años. Les leía libros y poemas que jamás habrían seleccionado por iniciativa propia.

La mayoría de las personas, si se les pregunta cuál es la mejor hora para leer en voz alta a los niños adolescentes, probablemente responderían: «¡Nunca!». Pero están equivocados. Mi libro favorito para leer en voz alta a un niño mayor —*Como una novela*, de Daniel Pennac— explica por qué. Se centra en los adolescentes, sobre todo los varones, que han perdido por completo la costumbre de leer. Pennac explica cómo consigue devolverles el amor hacia los libros y la lectura. ¿Cuál es su secreto?

Leer en voz alta.

6

Así es como hay que hacerlo

En una ocasión, un padre norteamericano me preguntó: «¿Cómo lo hace eso de leer en voz alta?». Tardé en responder. ¿No era evidente? Pero luego me di cuenta de que no lo era si nunca le habían leído en voz alta de niño. Por fin, le dije: «Verá, seleccione un libro, coja al niño, siéntese y léaselo». Parecía tan sencillo que me sentí avergonzada.

Cuando visualizo una sesión de lectura en voz alta siempre hay un adulto sentado en una vieja silla o en un sofá, con un niño en su regazo o sentado a su lado, compartiendo un libro, o un adulto sentado o echado en una cama con el niño acurrucado junto a él, con los ojos abiertos como platos, mientras se suceden los cuentos. Y la experiencia siempre es fantástica.

Cuanto más expresivamente leamos, más fantástica resultará la experiencia, más les gustarán los libros a nuestros hijos, antes fingirán leerlos y antes aprenderán a leer. Por lo tanto, no basta con leer en voz alta, sino que hay que leer bien.

Cuando leemos un cuento, casi siempre estamos familiarizados con él. Debería gustarnos. Y naturalmente deberemos mantener vivo nuestro entusiasmo aunque lo hayamos leído mil veces. Cuando leamos un cuento, debemos ser conscientes de la postura del cuerpo, de los ojos y su expresión, del contacto visual con el niño, de la variedad de entonación y de la gesticulación facial.

Al leer en voz alta hay que intentar ser lo más expresivos posible. Cada cual tendrá su propia forma de hacerlo. Por ejemplo, cuando leo el principio de *Koala Lou*, mi voz sube y baja con la misma cantinela cada vez:

> Érase una vez un koala *bebé*, tan *suave* y *redondito* que tooood el mundoooo que lo veía quedaba *fascinado*. Se *llamaba* Koaaaala Lou.

Los altibajos de la voz y las pausas y puntos de énfasis son, literalmente, música para los oídos de los niños pequeños, y a los niños pequeños les encanta la música. Las cancioncillas también hacen más fácil memorizar las palabras. Así pues, es útil leer un libro exactamente de la misma forma cada vez y, como ya he mencionado, leer el mismo libro una y otra vez. Cuanto antes los niños capten la «melodía» de las palabras, mejor las recordarán y antes se divertirán intentando «leer» el cuento por sí solos, con nuestra misma expresión.

* * *

Leer en voz alta es una forma de arte en la que los ojos y la voz desempeñan una función muy importante. Veamos algunos trucos para sacar el máximo partido de los mismos, además de unos cuantos consejos generales para leer todos los cuentos en voz alta de un modo más entretenido.

* * *

Si leemos un cuento sin dejar que su valor emocional asome a nuestros ojos, estamos desperdiciando un potencial muy importante. Stanislavski, el gran director de teatro ruso, decía que los ojos son las ventanas del alma. Por desgracia, suele ser muy habitual que dichas ventanas permanezcan selladas con sendos telones cuando empezamos a leer. El cuento debería estar tanto en los ojos como en la boca. Animar con los ojos no es difícil. Podemos abrirlos de par en par, entrecerrarlos, usarlos para «pensar», para mostrar «asombro», para expresar «miedo», para «escuchar», para ser «felices», etc.

* * *

A continuación, la voz. La principal preocupación al pensar en la voz consiste en la posibilidad de parecer exageradamente expresivos. Hay que evitar el absurdo o el ridículo, procurando ser lo más interesantes posible y olvidando los tonos cursis, sentimentaloides y condescendientes. Es bueno decidir de modo consciente no hablar *nunca* a los niños en un tono «infantil».

* * *

Los escritores esperan que seamos capaces de transmitir sus intenciones de un modo fidedigno, dejando que sus palabras nos instruyan, y no al revés. Por ejemplo, sería una locura gritar: «Un susurro de voces entre los arbustos». El término «susurro» nos indica claramente cómo debemos pronunciar la frase.

Para mantener el interés de los oyentes podemos hacer un mínimo de siete cosas con la voz. Seis de estos siete ejercicios gimnásticos vocales son oposiciones: fuerte y suave, rápido y lento, alto y bajo. También podemos hacer pausas. Las palabras de la página nos dirán qué debemos elegir. No se requiere ninguna formación en expresión oral. Basta con prestar atención. Los siguientes pasajes de mis libros ilustran, a modo de ejemplo, estas inflexiones vocales.

He aquí un ejemplo de voz suave de *Night Noises*, en el que la familia de un querido abuelo de 90 años ha organizado una fiesta sorpresa de cumpleaños:

> A lo lejos, las puertas de un automóvil se abren y cierran con suavidad. CLIC. CLAC. Se oyen unas pisadas por el sendero del jardín. CRINCH. CRUNCH. Un susurro de voces entre los arbustos. BRR, BRR, BRR, SHHHH.

Ahora un ejemplo de voz fuerte, también de *Night Noises*:

> Puñetazos en las puertas y voces gritando en las ventanas. ¡EH! ¿¡QUIÉN VA!? BUM, BUM, BUM.

Un ritmo de lectura lento es ideal para los pasajes más sombríos de un libro. Veamos un ejemplo de ritmo lento de *Wombat Divine*, en el que el asombrado Wombat ha tomado parte en una audición para conseguir un papel en la obra de Navidad, sin resultado:

> Pero ya no quedaban papeles. Wombat agachó la cabeza. Confiaba en ser capaz de contener las lágrimas.

Ni que decir tiene que el ritmo rápido se debe reservar para los fragmentos más acelerados del texto o para cualquier otra sección rebosante de emoción y dramatismo. El siguiente pasaje es de *Koala Lou*, cuando participa en los importantísimos Juegos Olímpicos del Bosque, en los que ha depositado todas sus esperanzas:

> Koala Lou trepaba al árbol. Más arriba, más arriba, más arriba, más alto, más alto, más alto. Más rápido, más rápido, más rápido, y allí estaba, ¡en lo alto de la copa! Los espectadores lo aclamaban; aplaudían y golpeaban los asientos de la tribuna con las patas.

La voz fuerte, al igual que el ritmo rápido, también se puede utilizar en momentos de gran emoción o dramatismo. En *Hattie and the Fox*, cuando por fin se revela la identidad de un animal terrible que merodea por el bosque —se trata de la gran hiena negra—, Hattie dice:

> «¡Por todos los diablos! ¡Veo un hocico, dos ojos, dos orejas, un cuerpo, cuatro patas y una cola entre los arbustos! ¡Es un zorro! ¡Es un zorro!». Y corrió a esconderse detrás de un árbol cercano.

Las voces bajas son magníficas para los pasajes terroríficos de un cuento, o para personajes cuya voz debe ser siempre grave, tales como los piratas o los gigantes. En *Wilfrid Gordon McDonald Partridge*, con sus seis personajes de edad avanzada, debemos cambiar la voz para diferenciarlos. Wilfrid visita a uno de sus amigos, el señor Drysdale, que tiene «una voz parecida a la de un gigante» y le pregunta qué es un recuerdo. El señor Drysdale responde, en un tono de voz evidentemente profundo:

> Algo tan precioso como el oro, jovencito. Algo tan precioso como el oro.

La pausa se puede emplear con un extraordinario efecto antes de un cambio de estado de ánimo espectacular en el cuento o, claro está, cuando la propia narración exige una pausa evidente en el texto de uno de los personajes. En este pasaje de *Harriet, You'll Drive Me Wild!*, la pequeña Harriet ha tenido un día propenso a los accidentes. Con todo, su madre se las ha ingeniado para no perder los nervios..., hasta que al final la niña y su perro rasgan un cojín:

> Un millar de plumas salieron volando en todas direcciones. [Larga pausa] Se hizo un terrible silencio. [Larga pausa] Luego, la madre de Harriet empezó a gritar. [Pausa] Gritó, gritó y gritó.

* * *

En la década de los años sesenta, en la Escuela de Arte Dramático Rose Bruford de Londres, la propia Rose Bruford, la cuentacuentos más dotada que jamás haya conocido, me enseñó a leer y a contar cuentos. Por su parte, se formó como cuentacuentos de la mano de los poetas W. B. Yeats y John Masefield, ansiosos ambos de revitalizar esta práctica como una forma de arte de pleno derecho.

Gracias al trabajo con aquellos maestros artesanos, la señora Bruford aprendió a prestar una mágica atención al detalle de cada palabra aislada, tanto si estaba contando un cuento como leyéndolo en voz alta. Creó un mundo de hechizo al concentrarse en mimar las palabras para revelar su significado oculto. Las frases muertas cobraban vida y los vocablos aparentemente sin importancia saltaban de la página. Podemos hacer lo mismo si dejamos que las palabras de los cuentos que estamos leyendo en voz alta comuniquen sus matices.

* * *

Para ilustrar la importancia de las palabras que a simple vista eran insignificantes, intente sustituir «saltaron» por «se deslizaron» o «treparon» en el siguiente pasaje de *Sleepy Bears*:

> Así pues, los ositos saltaron al mullido lecho de plumas y tiraron rápidamente de la manta para taparse.

Lógicamente, «saltaron» aquí es muy importante, pues denota energía y velocidad, y la expresión oral sería muy diferente al decir «saltaron» que al decir «se deslizaron» o «treparon», verbos que denotan una acción mucho más pausada, mucho más reacia.

Asimismo, en *Koala Lou*, «se llenó» es una expresión de vital importancia en este pasaje:

> Vio a su madre entre la multitud y la imaginó diciéndole: «Koala Lou, ¡te quiero mucho!». Su corazón se llenó de esperanza.

«Se llenó» suele ser un término insignificante y vulgar del que bien podríamos prescindir durante la lectura en voz alta. Pero en este caso transmite un significado tan profundo que necesita colorearse elevando la voz.

Debemos ser conscientes de estos y otros términos aparentemente insulsos, y realzarlos. Lo que amamos, nuestros oyentes lo amarán. Si a los niños les gustan las palabras, las usarán al hablar y escribir. Si les gusta el sonido de las palabras, las comprenderán mejor cuando más tarde les llegue la hora de leer por sí solos. Éste es otro de los fascinantes beneficios de la lectura en voz alta: las palabras familiares, es decir, las que se han oído a menudo, siempre son más fáciles de leer que las desconocidas.

* * *

Una de las formas más sencillas de intentar conseguir la excelencia al leer en voz alta consiste en ver, con el ojo de la mente, las cosas que se están leyendo. Deberíamos ser capaces de ver la nueva e incipiente cola en *Possum Magic*, la quietud manchada de carmín en *Feathers and Fools*, la pintura derramada en la alfombra en *Harriet* y el progreso, en suma, de los personajes a través de cada nuevo libro.

Por ejemplo, en esta frase tomada de *Koala Lou*: «Levantó varias pesas, jadeando», el término «levantó» parece muy común, incluso vulgar. Pero si contemplamos la escena y dejamos que la voz se eleve al pronunciarlo, si dejamos que nuestra mente se eleve también al pronunciarlo, si experimentamos la sensación de estar levantando algo pesado y lo reflejamos en los ojos, entonces el término «levantó» comunicará algo importante a los oyentes.

* * *

La lectura de la primera línea debería ser sensacional. El objetivo consiste en captar de inmediato a la audiencia y no soltarla jamás. Incluso la frase inaugural de *Possum Magic*: «Érase una vez, aunque no hace demasiado tiempo, dos zarigüeyas que vivían en la profunda espesura del bosque australiano [...]», puede resultar encantadora si se hace una pausa después de «Érase una vez» para echar una rápida mirada de complicidad alrededor y comprobar si es seguro leer el resto de la frase, y luego poniendo un énfasis especial en «dos» y «profunda». De pronto, la escena cobra vida.

La primera línea no sólo debería reunir a nuestra audiencia y captar su atención, sino que también debería consistir en una frase de bienvenida al ritual de la sesión de lectura en voz alta. De este modo, al leer la primera línea dinámica también estaremos diciendo, a través de las palabras del cuento: «¡Hola, hola! ¡Bienvenidos! ¡Es estupendo estar aquí con vosotros!».

* * *

Cuando impartía clases de lectura y escritura a estudiantes de magisterio había que cubrir un programa tan dilatado que lamentablemente sólo disponía de una miserable hora durante todo el curso para enseñarles el arte de la lectura en voz alta. Aun así, me asombraba descubrir año tras año lo bien que mis alumnos leían en voz alta al finalizar el semestre. «¿Cómo se las habían arreglado —me preguntaba— con tan poca formación académica al respecto?» La respuesta era muy simple: lo aprendían escuchándome y viéndome leer en voz alta, algo que solía hacer con frecuencia. El mero ejemplo de mi lectura en voz alta había obrado el milagro. Lo habían captado a través de sus oídos y sus ojos.

La lectura expresiva se recuerda, y lo mismo ocurre con nuestros hijos. Leerán con las mismas inflexiones expresivas que hacemos nosotros. De ahí la importancia de hacer el esfuerzo de leer en voz alta con vitalidad y un sinfín de variaciones tonales.

* * *

Ahora pasemos al final. De existir algo más significativo que la primera línea de un cuento, sería la última. Si la lectura resulta tan cautivadora como debería ser, la última línea hará las veces del «Amén» al término de un servicio religioso y transmitirá al niño un mensaje de reafirmación: «Hasta muy pronto, que Dios te bendiga, estáte tranquilo, estás seguro conmigo, te quiero muchísimo, hijo mío».

Los finales mal leídos constituyen la trágica ruina de muchos cuentos excelentes. Debemos estar absolutamente convencidos de las palabras que vamos a leer para no derrumbarnos cuando llegue la hora. Ésta es la última línea de *Feathers and Fools*:

Y así fue como salieron juntos, en paz y sin miedo, para afrontar el día y compartir el mundo.

Cuando leo esta línea en un taller de lectura en voz alta, al unísono con los participantes, siempre termino la última, pues soy la única que pronuncia la línea lo suficientemente lento. Acostumbrarse a a-r-r-a-s-t-r-a-r e-s-t-a ú-l-t-i-m-a l-í-n-e-a cuesta un poco, pero cuanto más lentamente la pronunciemos, más satisfechos se sentirán nuestros oyentes.

Podemos conseguir resultados extraordinarios a nivel emocional si la última línea es un «hasta la vista». Al decirlo, estamos liberando a nuestros oyentes del contacto que han mantenido con nosotros. Sin este final arrastrado se quedarán con la incómoda sensación de algo inacabado. Un final rápido es horrible. En cambio, un final lento constituye una experiencia extraordinariamente deliciosa. Tanto el lector como quienes le están escuchando experimentan un estado de dicha absoluta, algo así como: «Y vivieron felices para siempre».

* * *

Es difícil explicar por escrito cómo hacer cosas interesantes con la voz al leer en voz alta. Si tiene acceso a Internet, podría escucharme leyendo los fragmentos anteriores. También leo tres libros enteros en la misma página web. La dirección es: http://www.memfox.net y el *link* se llama, para variar: «Reading Aloud».

7

Sacarle el máximo partido

Seleccionar un libro, coger a un niño, sentarse y leérselo está muy bien. En realidad, eso es lo que deberíamos hacer todos.

Sin embargo, es posible enriquecer una sesión de lectura en voz alta haciéndola más divertida de lo que ya es de por sí y más beneficiosa para nuestros ávidos oyentes simplemente sugiriendo juegos con los libros que estamos leyendo. No se necesita ningún talento o conocimiento especiales para ser capaz de proporcionar a los niños un fundamento sólido de alfabetización. No se requiere un recetario de trucos y técnicas, manuales o programas caros. *No* hace falta que de repente, como por arte de magia, nos convirtamos en profesores de nuestros hijos. Debemos ser nosotros mismos. El entretenimiento es el maestro; la sutileza es el profesor.

Cuando mi editora estaba leyendo uno de los primeros borradores de este libro, tuvo un ataque de pánico.

—¿En qué estás pensando cuando dices «enriquecer» pero no «enseñar»? —preguntó—. ¿Qué se supone que tengo que hacer cuando leo en voz alta a Eamon?

—Actuar con naturalidad —respondí—. No hagas nada diferente de lo que harías normalmente.

—Como cuando descubro que *pato* y *gato* riman y digo: «*Pato* y *gato*... ¡Fíjate, Eamon, cómo rima! *Pato* y *gato*», y luego sigo leyendo. ¿Cosas de este tipo? Porque si es así, ya lo estoy haciendo.

—Exactamente —le dije.

* * *

No hay que intentar enseñar formalmente a los niños antes de que empiecen a ir a la escuela. Para los padres, enseñar a sus hijos en edad preescolar es el colmo del desatino. Enseñar es la antítesis de lo que da resultado. Enseñar antes de la escuela «asesina» la diversión. A los niños les gusta que sus padres sean padres, no maestros. Las funciones son bastante diferentes y es precisamente el papel relajado y reconfortante de «vamos a pasarlo en grande» de un padre lo que contribuye poderosamente a que los niños desarrollen el amor por la lectura y, más tarde, sean capaces de leer por sí solos.

Teniendo en cuenta que ya sabemos muchas cosas acerca de la increíble agilidad del cerebro y de la necesidad de alimentarlo con estimulación desde el nacimiento, podríamos experimentar una cierta tensión ante nuestras responsabilidades de lectura en voz alta respecto a nuestros hijos. ¿Y si les fallamos quedándonos cortos? ¿Y si nos equivocamos? Y ¿qué ocurre si esperamos demasiado de ellos? Es tan aterrador que podría tener un efecto muy descorazonador en algunos padres, especialmente en aquellas familias en las que trabajan uno o ambos miembros de la pareja. Puede cundir el desánimo, y el padre abatido estaría en su derecho de quejarse: «Ya no cabe nada más en mi estresadísima vida. ¿Se supone que tengo que enseñar a mis hijos cuando les leo o no? ¿Qué se supone que debo hacer?».

Mi consejo inicial es no dejarse llevar por la desesperación. Los padres necesitamos mantener la calma en todo momento. No podemos permitirnos flaquear. Tenemos que ser sensibles. No alteraremos lo que ya estamos haciendo a menos que aún no estemos leyendo en voz alta a nuestros hijos, en cuyo caso, como es lógico, ¡cambiaremos inmediatamente de actitud!

Lo que haremos es jugar espontáneamente leyendo juegos que proporcionarán innumerables experiencias satisfactorias y convertirán el aprendizaje en diversión. Los juegos a los que vamos a jugar con los libros dan mejores resultados si surgen sin planificación previa, inesperadamente y con carácter de exclusividad para ese niño particular en un momento determinado. El objetivo no consiste en imponer un conjunto de ideas pensadas con antelación. Personalmente, solía inventar juegos sencillos siempre que se presentaba la ocasión, cuando Chloë decía algo que me daba pie a sugerir un juego. Animo a todos los padres a que actúen del mismo modo. Los ejemplos que se incluyen en el presente libro son meramente orientativos de las múltiples posibilidades que pueden surgir, y en absoluto normas de lo que debería suceder exactamente.

Lyn Wilkinson, una buena amiga y colega, también cree que el aprendizaje de la lectura debería ser un juego, no una carrera. De niña, su padre solía jugar a diversos juegos con ella durante las sesiones de lectura en voz alta. Ni era maestro de profesión, ni pretendía saberlo todo acerca de la enseñanza de la lectura.

Simplemente, era consciente de que Lyn sabía coger un libro y hojearlo correctamente. De ahí que animara a la niña a empezar a leer por la última página. Lyn decía: «¡No, papi! ¡No lo leas *así*! ¡Léelo *así*!», señalándole la primera página.

En ocasiones, volvía el libro del revés y la pequeña reaccionaba como si su padre fuese un completo idiota, poniéndolo de nuevo del derecho. En efecto, le estaba enseñando, pero en realidad le estaba enseñando sin enseñar, pues se trataba de un juego.

Otra bobada que solía hacer consistía en coger un libro —*Caperucita roja*, por ejemplo— y empezar a leer: «Érase una vez tres cerditos...». Lyn, observando las ilustraciones y familiarizada con ambos cuentos como estaba, terciaba de inmediato: «No, papi, *¿veeees*? ¡Este libro es de la caperucita roja, no de los tres cerditos!». Otro logro didáctico de su padre —en un cuento las ilustraciones coinciden con las palabras— con una simple artimaña.

Es importante resaltar el significado que tienen para muchos niños las ilustraciones en los libros. No debemos ignorarlas. Las ilustraciones dicen mil palabras y contribuyen a desvelar la acción de la historia. Podríamos dedicar algunas sesiones de lectura en voz alta a comentar el contenido de las ilustraciones, sin leer una sola palabra del texto. Cuanto más pequeño sea el niño, más conversaremos sobre ellas, y casi siempre será él quien inicie los comentarios.

* * *

Al igual que el padre de Lyn, es crucial seguir teniendo presente que, cuando enriquecemos una experiencia de lectura en voz alta, no estamos enseñando, sino jugando y pasando un buen rato. Presionar al niño está terminantemente prohibido. Frases tales como «¡No, no! ¡Te has equivocado! ¡No seas tonto!» nunca deberían salir de nuestros labios. La tensión o la ansiedad no deberían interferir jamás con la ecuación lectura-aprendizaje. Perder la alegría significa perder la utilidad.

* * *

Inventar juegos con los libros y escuchar maravillosas historias una y otra vez hace que los niños aprendan a adorar los cuentos y amar los libros. También empiezan a mimar la idea de llegar a ser capaces de leer y desarrollan una actitud muy positiva frente a la lectura, lo cual es fundamental. Es desesperadamente difícil aprender a leer sin una previa actitud positiva ante los libros y lo que pueden ofrecer.

* * *

Para sugerirte otros juegos a los que podrías jugar he partido de la base de mi libro, *Tough Boris*. Éste es el texto completo:

Érase una vez un pirata llamado Boris
von der Borch.
Era muy fuerte.
Todos los piratas son fuertes.
Era corpulento.
Todos los piratas son corpulentos.
Tenía un aspecto desaliñado.
Todos los piratas tienen un aspecto desaliñado.
Era codicioso.
Todos los piratas son codiciosos.
No tenía miedo a nada.
Los piratas no tienen miedo.
Era temible.
Todos los piratas son temibles.
Pero al morir su loro, lloró y lloró.
Todos los piratas lloran.
Y yo también.

La primera y más evidente actividad que se puede realizar con este libro es leerlo una vez, y otra, y otra, y otra más, y luego volver a leerlo muchas veces más. La repetición da mejores resultados, si cabe, si nuestros pequeños oyentes pueden ver el texto mientras leemos en voz alta, para que puedan seguir las palabras con la mirada al tiempo que nuestra voz las pronuncia. No es necesario señalar el texto con el dedo. Una y otra vez el niño será capaz de ver las mismas palabras pronunciadas de la misma forma, con la misma puntuación, la misma cursiva, las mismas mayúsculas, la misma negrita, etc.

Para conseguir que sus ojos observen detenidamente el texto, se puede utilizar el siguiente juego de mirar las palabras:

> Señala las dos palabras que dicen «fuerte» y exclama: «¡Vaya! ¡Esta palabra es idéntica a esta otra! Las dos dicen "fuerte". ¡Qué curioso! Apuesto a que en todas las páginas se repiten palabras. ¿Lo buscamos? ¡Qué divertido!».
>
> Pasa la página.
>
> «¡Sí! ¡Aquí dice "corpulento" y aquí también. Me pregunto qué palabra se repetirá en la página siguiente.»
>
> Pasa la página.
>
> «¡"Desaliñado"! ¡Fíjate! Aquí dice "desaliñado". ¿Puedes encontrarla en otro sitio? Empieza por "d"...»
>
> Muéstrale la «d» al niño.
>
> «¡Muy bien! ¡"Desaliñado"! ¡Has acertado!»

Y así sucesivamente. Siempre debería ser un juego. Si el pequeño es incapaz de encontrar la otra palabra igual, lo haremos por él, fingiremos que ha sido él quien la ha descubierto y le daremos un fuerte abrazo por haberlo intentado con tanto ahínco. Nunca debe producirse una situación de tensión. Todos los beneficios se pierden cuando la tensión atenaza una relación.

Poco a poco, a lo largo de varias noches de este y otros juegos similares basados en la búsqueda, los niños serán capaces de identificar las palabras del cuento que describe Boris: «fuerte», «corpulento», «desaliñado», «codicioso», «temible», etc.

* * *

Al jugar con libros siempre deberíamos empezar con el cuento completo para estimular e implicar al niño, una historia que se convertirá en familiar a medida que se vayan sucediendo las lecturas. Continuando con nuestros juegos, el niño puede buscar palabras individuales y leerlas en voz alta. Por ejemplo, después de haber leído una vez más *Tough Boris*, podríamos decir: «¿Sabes qué? Creo que dice "era" en todas las páginas del libro. Fíjate, aquí está. Y también aquí, en esta otra página. Me pregunto si estará en las restantes. Empieza por "e", como esta letra de aquí (señálale una "e") y forma una sola palabra: "era". ¿Puedes encontrarla o será cierto que, a fin de cuentas, no está en todas las páginas? Quizás esté equivocada». El pequeño la encontrará. «¡Qué chico más inteligente!», pensaremos. «¡Qué divertido!», exclamaremos.

De este modo, podríamos seguir buscando todas las palabras que se repiten en las diferentes páginas del cuento, como «pirata», «todos» o «son», recordando siempre que no se trata de enseñar. Es un juego bullicioso cuya estricta finalidad es la diversión.

A continuación podemos sugerir un juego que llevará al niño un poco más allá: leer y pronunciar el sonido de las letras.

* * *

Llegados a este punto, debo hacer una aclaración muy importante para poner de relieve la orientación lúdica que damos al camino hacia la lectura. Podría parecer, en efecto, que lo estamos recorriendo en sentido inverso, es decir, partiendo del cuento completo, *avanzando* hacia las palabras para *llegar* por fin a las letras y su sonido. Según el procedimiento más habitual deberíamos empezar al revés y enseñar primero el enfoque fonético. La fonética consiste en emitir los sonidos correctos de las letras y sus combinaciones. La mayoría de los padres dan por sentado, con una cierta lógica, que se debería empezar con las letras y luego pasar a las palabras para terminar con los cuentos. No obstante, cualquiera que esté realmente familiarizado con la forma más fácil de aprender a leer de los niños sabe que el método cuentos-palabras-letras resulta mucho más eficaz.

Aunque la fonética es esencial para aprender a leer, el enfoque de la lectura de «los cuentos primero» da mejores resultados que el de «las letras y la fonética primero». «Los cuentos primero» se ocupa del problema esencial de la actitud. Los niños que se han divertido una infinidad de momentos con maravillosas historias muestran una disposición alegre hacia el aprendizaje de la lectura.

En las llamadas «guerras de la lectura», en las que la gente discute con una asombrosa ferocidad sobre la mejor manera de enseñar a leer, algunos educadores se declaran antifonéticos, lo cual también es una locura, ya que la fonética constituye una parte fundamental del proceso de aprender a leer. El único problema se presenta cuando el aprendizaje de la lectura se inicia con la fonética o cuando se centra únicamente en ésta, con exclusión de todo lo demás.

Tras haber dejado constancia de una polémica tan espinosa como ésta, podemos seguir adelante con el juego de leer letras aisladas. Los niños suelen aprender muy pronto el nombre de las letras del alfabeto, pero debemos recordar que muchos de ellos, aunque se saben de memoria la canción del ABC, son incapaces de identificar las letras una por una cuando las ven impresas. Ser capaz de identificar correctamente por separado las letras del alfabeto antes de ir a la escuela constituye un excelente indicador del éxito futuro del niño como lector.

* * *

¿Cómo pueden aprender los niños a reconocer letras aisladas impresas? Con juegos sencillos y espontáneos cuya

«a» de aéreo, astronauta, acrobacia...
horacek

finalidad sea, por ejemplo, descubrir una letra particular en una página determinada del cuento. Podríamos decir: «Ésta es la letra "e". ¿Puedes encontrar todas las "es" que hay en esta página? Luego, tú elegirás una página y yo tendré que buscar todas las "es". ¡A ver quién encuentra más!».

O en *Tough Boris*, por ejemplo, podría resultar divertido para una niña llamada Mem buscar tantos ejemplos de la letra «m» como sea posible, y papá o mamá podrían hacer lo mismo. Imaginemos que papá se llama Tom. Podría empezar el juego fingiendo asombro al descubrir la letra «t» en el libro.

«¡Mira! ¡Hay una "t". Yo también tengo una "t" en mi nombre. Veamos si somos capaces de encontrar una "m" para ti. ¡Aquí hay una! ¡Y aquí otra! ¡Qué bien!»

* * *

Cuando juego con letras, casi siempre las llamo por su nombre en lugar de por su sonido, pues muchas letras tienen más de un sonido. La letra «g» no siempre suena como en «gato», sino que suena diferente en palabras tales como «girar». Y la «c» en «casa» es distinta de la «c» en «gracioso». Hay diferencias que pueden dar pie a confusiones en los sonidos de varias letras y sus combinaciones, aunque su nombre nunca cambia. De ahí que éste sea el método más seguro.

También es muy importante que los niños sean capaces de identificar el sonido básico de las letras del alfabeto, lo cual resulta más fácil si se explora con palabras fáciles de pronunciar.

Se pueden sugerir juegos que exploran la transformación de la letra impresa en su sonido correspondiente con la ayuda de imanes para el frigorífico, que proporcionan mil formas divertidas de practicar con el alfabeto. Las letras se pueden cambiar cada día para deletrear el nombre del niño o palabras sencillas, tales como «mamá» o «papá».

También podríamos jugar empezando con un vocablo, como por ejemplo «gato», y añadir o cambiar una letra cada vez (¿cada día?, ¿cada minuto?, tanto da) para componer nuevas palabras:

—¡Añade una «s» y tendremos «gasto»!
—¡Quita la «a», pon una «u» y tendremos «gusto»!
—¡Quita la «u», pon una «e» y tendremos «gesto»!
—¡Quita la «o», pon una «a» y tendremos «gesta»!...

Si el niño mueve las letras para construir las nuevas palabras será mucho más divertido.

* * *

Los imanes para el frigorífico no obraron maravillas tan pronto como una madre había imaginado, pero no llegó a desanimarse. Recuerdo que estábamos en la cola del cajero de un banco, hablando de alfabetización (¡de qué si no!) y una madre me comentaba lo rápido que su hija había aprendido las letras de su nombre. La pequeña había sido capaz de componer su nombre con imanes a los 2 años y medio de edad. Con el tiempo, la orgullosa madre tuvo un hijo que, muy a su pesar, no mostraba el menor interés en libros, palabras o letras.

Por fin un día, cuando ya tenía 3 años, el niño adquirió un repentino e intenso interés por los imanes del frigorífico. Abrió la puerta del congelador ¡y los tiró uno a uno en su interior simulando una canasta de baloncesto! La madre los dejó allí y, de vez en cuando, sacaba un imán congelado y decía: «Tyler, aquí está tu "e" congelada. Y mira, también hay una "j" aterida de frío. ¿Y ésta? ¿Qué letra puede ser?».

Seguía sin suceder nada especial, hasta que un día, al regresar del trabajo, Tyler le tiró del brazo y dijo: «Mamá, mira lo que he hecho. ¡He escrito mi nombre!». Los imanes del frigorífico que había ido sacando del congelador estaban alineados sin ningún orden particular en la puerta del frigorífico. Por fin, algo había llamado la atención de Tyler: se había dado cuenta de que las letras podían formar nombres, a pesar de no haber sido capaz de escribir ni una sola palabra «real». ¡Aquél fue el comienzo de su proceso de aprendizaje de la lectura!

* * *

Otra forma de conseguir que los niños aprendan los sonidos de las letras consiste en animarlos a intentar escribirlas, aunque sólo hagan garabatos. Por sorprendente que parezca, intentar escribir constituye una de las formas más rápidas de aprendizaje autodidacta de la lectura.

Cuando permitimos que los niños comprendan las relaciones entre las letras y sus sonidos, escribiéndolas o intentando escribirlas, aprenden enseguida sus sonidos y sus combinaciones. Al principio, hacen un sinfín de preguntas y necesitan nuestra ayuda, pero, si los animamos a dejar que su mente funcione por sí sola, aprenderán activa y rápidamente. Les encanta escribir. En realidad, la mayoría de los niños pequeños creen que ya saben escribir, pero no leer.

Es una gran idea tener siempre a mano una buena cantidad de papel para reciclar (blocs de notas o incluso periódicos) donde poder escribir. También es necesario disponer de toda clase de útiles de escritura, como ceras duras, ceras blandas, lápices, lápices de colores ¡e incluso témperas, colores al óleo y pinceles para los padres amantes de los riesgos y a quienes no les importe lo que le pueda suceder al mobiliario!

Cuando los niños escriben, suelen emular el sonido de las letras y nombran otras, como por ejemplo cuando escriben «césped» y emiten el sonido de la «s» y la «p», pero dicen el nombre de la letra «c», aunque en ocasiones sólo escriban «céspe». Otras veces, se limitan a pronunciar el nombre de cada letra: «c-e-s-p-e... césped».

Este método inventado de deletreo constituye una excelente fórmula autodidacta para aprender el sonido de cada una de las letras. Es muy aconsejable fomentarlo entre los jóvenes aprendices, pero descartarlo por completo en los niños mayores. Tarde o temprano, tal vez a los 8 años, los niños descubrirán que no se espera que deletreen correctamente las palabras sólo porque la sociedad diga que es esencial hacerlo bien. Tienen que comprender que deben hacerlo como es debido para transmitir claramente su mensaje, sin confusiones.

* * *

A fin de reforzar los sentimientos de valía personal de un niño es importante que, al principio, sea capaz de «leer» sin reconocer las palabras. Cuando los niños han estado expuestos a una pléyade de fascinantes cuentos y a la idea de las palabras enteras y de las letras separadas, pueden simular leer un libro. Y precisamente porque hemos leído en voz alta el libro en cuestión tan a menudo, serán capaces de implicarse libremente y «leer» palabras y frases por sí solos. Cualquier libro que contenga texto repetitivo facilita esta actividad, y el éxito asociado aumenta su confianza y su autoestima. Por ejemplo, volviendo a *Tough Boris*, podríamos empezar del siguiente modo:

> PADRE: Era muy fuerte.
> HIJO: Todos los piratas son fuertes.
> PADRE: Era corpulento.
> HIJO: Todos los piratas son corpulentos..., etc.

Luego podríamos pedirles que nos «leyeran» de memoria todo el cuento *Tough Boris* simulando que estamos muy cansados y dejando que cometan los mismos errores de siempre. Los niños pueden fingir estar descifrando las palabras como si en realidad *estuvieran* leyendo, con el mismo aplomo, la misma cantilena y la misma fluidez expresiva con la que lo hemos hecho nosotros.

Cuando los niños han escuchado tantas veces un mismo cuento que ya se lo saben de memoria y son capaces de hacernos creer que están leyendo —pasan las páginas en el momento adecuado y pronuncian las palabras correctas en cada página—, no debemos incurrir en el error de desanimarlos diciendo: «Sí, claro, lo estás leyendo de memoria».

Pasar las páginas cuando corresponde y pronunciar las palabras correctas en cada página constituye toda una hazaña para los niños pequeños, y no hay que infravalorarla. Es un paso de gigante hacia la auténtica lectura. En realidad, a los niños que se aprenden cuentos de memoria les resultará mucho más fácil leerlos correctamente cuando llegue el momento. Es como si se dijeran a sí mismos: «De acuerdo, sé exactamente de qué trata esta historia y conozco todas las palabras. Ahora dejad que me fije en la letra impresa y que descubra cuál es cuál. Ésta tiene que ser la que dice "invisible" porque empieza por "in". Ya sé leerla. Es fácil».

* * *

Conservamos una cinta de vídeo de Chloë, a los 6 años, leyendo *The Beast of Monsieur Racine*, de Tomi Ungerer, para sus abuelos, que vivían en el extranjero. Es un cuento maravilloso con un vocabulario muy elaborado, demasiado difícil para que un niño pequeño pueda leerlo con fluidez, y a menudo difícil de comprender. Pero Chloë se lo sabía casi de memoria e insistió en elegirlo para la grabación. De manera que decía «juguetaba» en lugar de «jugueteaba» y «ademia de cencias» en lugar de «Academia de Ciencias». Aún decimos «juguetaba» en casa —otro elemento de aquel «código de intimidad» que mencioné en el capítulo 3—. Pero, a pesar de aquellas aglutinaciones con las palabras complicadas, su lectura del cuento resultó increíblemente fluida.

Más tarde, cuando me dediqué a la especialidad de alfabetización, encontré el vídeo de Chloë y aprendí una buena lección. Era Malcolm, no yo, quien grabó a la niña leyendo el cuento. No sabía nada de cómo enseñar a leer. Sin vacilar, le decía las palabras que no sabía mientras la pequeña iba leyendo, lo que le permitía seguir adelante a un buen ritmo.

A diferencia del «inexperto» Malcolm, muchos profesores y padres bienintencionados, incluida yo, hemos obligado a pronunciar a los niños una palabra que no conocen o a volver atrás o a leer un poco más adelante para ver si son capaces de imaginar de qué palabra podría tratarse. Pero, dado que Malcolm no obligaba a Chloë a pronunciar las palabras, su «adivinanza», es decir, su lectura, era mucho más precisa y nunca perdía el interés por el cuento ni se sentía incapaz de leerlo. Poco a poco, tuvo que ayudarla menos con las palabras que no conocía y, al leer con rapidez, podía recordar más fácilmente el último fragmento, lo cual, a su vez, le ayudaba a leer las siguientes palabras. Como es lógico, también utilizaba la letra impresa, al igual que lo hacen todos los lectores, y su autoestima subía como la espuma.

* * *

Nuestra costumbre de leer constantemente en voz alta a Chloë hacía que la niña apenas tuviera que tantear palabras, sin importar de qué libro se tratara. Usaba la memoria de los cuentos y una comprensión básica de la letra impresa y el propio lenguaje del cuento para que todo tuviera sentido. No puedo recordar a Chloë intentando tantear el sonido de ninguna palabra a menos que fuera realmente compleja. Aprendió a leer a una temprana edad porque casi nunca se detenía, volvía hacia atrás o tanteaba las palabras, lo que quería decir que, para ella, leer no era aburrido, sino interesante.

¿Acaso no es lo que deseamos todos para nuestros hijos?

8

El primer secreto de la lectura: la magia de la letra impresa

La mayoría de nosotros creemos saber qué es la lectura, y no es de extrañar, pues al fin y al cabo, sabemos leer. Pero la lectura es un arte difícil y complejo. Leer no es meramente ser capaz de pronunciar de manera correcta unas palabras impresas, un hecho que sorprende a mucha gente, sino ser capaz de dar sentido a lo que expresan las palabras, de lograr que la letra impresa tenga algún significado y de captar su mensaje.

Nos demos cuenta o no, al leer utilizamos un repertorio de trucos, sin importar cuál sea nuestra edad o la lengua que hablemos. Entre ellos destacan tres secretos que nos ayudan a captar el mensaje de lo que estamos leyendo.

* * *

A decir verdad, el primer secreto de la lectura no es un secreto, sino la capacidad de reconocer los innumerables garabatos que hay en una página. Por ejemplo, nadie sería capaz de leer lo siguiente: □·□ ∂≈∫√π □Å°¿Æ/‡!□. Por mucho que examinemos estos signos, no podemos darles un sentido. No significan nada para nosotros. De igual modo, quienes sólo hablan castellano son incapaces de encontrar el menor sentido a la edición rusa del Antiguo Testamento o a las instrucciones en hebreo de una cámara digital; es imposible descifrar su contenido. Para captar el mensaje hay que reconocer y comprender los signos impresos y sus diversas combinaciones.

* * *

Dado que la letra impresa es tan importante para la lectura, debemos proporcionar a los preescolares el mayor contacto posible con la misma, y podemos dejar «impresa» la letra impresa leyendo en voz alta a los niños, incluso a los bebés —especialmente a los bebés—, como ya he dicho antes y no me cansaré de repetir. Mientras miran el libro y ven pasar las páginas, observan la letra impresa y escuchan su significado. Cuantas más ocasiones tengan de contemplar la letra impresa, más y mejor comprenderán sus peculiaridades. Al final, dichas peculiaridades les resultarán tan familiares que dejarán de serlo y empezarán a comprender que captar el mensaje de la letra impresa significa ser capaz de reconocer las formas de las palabras enteras, el aspecto de las mayúsculas, la puntuación, las negritas, la cursiva, los encabezamientos, las columnas, los sumarios, etc.

La letra impresa no es una exclusiva de los libros, sino que está presente en todas partes, en los pueblos y las

Su

par

el mejor

para llegar

ahora estoy fu

en todo el pueblo.

estaba muy tranquilo

tiempo, y pensaría que

y la necesidad de que un

parecía como si fuera una re

tenía que pasar muy cerca de la

ado. Y allí oí algo que me puso lo

—era la voz más terrorífica que jam

e trataba de una cuadrilla de ladrones

chó a correr hacia la entrada principal d

ero al llegar descubrió que la puerta estab

e pie en la mesa, gritando como un loco y lo

e. Y allí, a sus pies, había un hermoso ratón ma

ero en realidad, el muchacho no tenía miedo a na

rió los ojos y se detuvo aullando de pánico: «Por t

a enorme bestia que me acecha? El gato correteaba p

ciudades, y es un recurso asombrosamente eficaz para ayudar a los niños a leer. Cuanto más lean en voz alta los padres y los hijos cualquier letra impresa que vean al mismo tiempo, como por ejemplo rótulos, vallas publicitarias, anuncios, pósters y matrículas, tanto mejor. Los viajes en automóvil, en tren y en autobús proporcionan un millón de oportunidades para descubrir letra impresa, una buena parte de la cual se puede transformar en juegos improvisados, como en el caso siguiente: «A ver quién puede encontrar más señales de STOP en los diez próximos minutos» o «¿Quién será el primero en ver una "R" mayúscula?».

A los 2 años, Chloë leía los rótulos de todas las gasolineras de la ciudad, además de las palabras que aparecían con más frecuencia en las señales, tales como STOP y PROHIBIDO GIRAR A LA IZQUIERDA. Las había aprendido a base de repetírselas mil y una veces en nuestros juegos de automóvil.

* * *

Otro niño de 2 años, hijo de unos conocidos, solía ver tan a menudo la publicidad de un banco (llamado Commonwealth Bank) en el panel posterior de los autobuses que al final preguntó a sus padres qué quería decir. A partir de aquel momento, lo leía en voz alta cada vez que pasaba un autobús. Al principio, su madre pensó que se había familiarizado con el logotipo del banco, hasta que un día, cuando su esposo estaba leyendo el periódico en el que había un titular en el que aparecía esta palabra, dijo: «Dice "commonwealth"».

¡Y todo empezó con el panel posterior de un autobús! Aunque la mayoría de la gente pondría seriamente en duda la posibilidad de que un niño de 2 años fuera capaz de leer una palabra tan asombrosa como «commonwealth», lo cierto es que el niño ni siquiera titubeaba al pronunciarla.

* * *

Cuando los llamados «expertos», pecando de una increíble miopía, ensalzan el enfoque exclusivamente fonético del aprendizaje de la lectura, les recuerdo el hecho de que sólo el 50 % de las palabras inglesas se deletrean tal cual suenan fonéticamente. Así pues, ¿qué hay que hacer con el 50 % restante? ¿Ignorarlas? La locura del deletreo anglosajón no tiene límites, lo cual constituye una de las principales debilidades de la fonética. No siempre es posible obtener un significado transformando la letra impresa en sonido. Centrarnos en la fonética de una palabra resulta muy ineficaz y no nos lleva a ninguna parte. Es mucho más fácil leer la palabra correctamente cuando está rodeada de un entorno que nos ayuda a hacernos una buena idea de lo que estamos leyendo, como cuando forma parte de una rima.

Y ¿cómo puede ayudar la fonética cuando nos encontramos ante palabras que parecen similares pero que se pronuncian de modo completamente distinto? La fonética es esencial, desde luego, pero no es suficiente. Ni que decir tiene que cuando hablamos en voz alta tenemos que ser capaces de transformar la letra impresa en sonido con independencia de las combinaciones de letras, y en especial, como es obvio, cuando se trata de una palabra difícil que vemos por primera vez.

Para los italianos, por ejemplo, la fonética es más útil que para los ingleses: *Ti amo, cara* es mucho más fácil de pronunciar correctamente que *I love you, darling*, pues es difícil adivinar que la fonética de *love* es *luv*. Los lectores anglohablantes principiantes podrían esperar que *love* sonara como *luvvy*, a menos que sepan que rima con *drove* o quizá *move*.

* * *

En ocasiones, los lectores —jóvenes y adultos— pueden ver la letra impresa y leerla fónicamente, pero no descifrarla lo suficiente como para extraer de ella algún significado. Como es lógico, en tales casos no se puede leer. La letra impresa ayudará a los que hablan únicamente inglés a «leer» una lengua como el castellano, el italiano o el indonesio. Podemos reproducir los sonidos correctos, incluso con una buena pronunciación, pero la lectura es la capacidad de extraer un sentido de la letra impresa, no un sonido. Por ejemplo, esta estrofa de la versión indonesia bahasa de mi libro *Hattie and the Fox* es fácil de «leer» para los anglosajones:

«Aduh, aduh!» kata angsa.
«Ya, ya, ya» kata babi.
«Pepuli apa?» kata domba.
«Birkan?» kata kuda.
«Apa lagi?» kata lembu.

Quienes no saben hablar indonesio son perfectamente capaces de leer fónicamente este texto, pero la vinculación de las letras a los sonidos indonesios en la estrofa anterior de *Hattie* no les ofrece el elemento esencial de sentido. Son incapaces de extraer el menor significado de la letra impresa, al margen de lo buena que sea su pronunciación. Lo que necesitan y no tienen es, precisamente, la comprensión del indonesio bahasa.

Debemos comprender el lenguaje y cómo funciona para ser capaces de encontrar un sentido a lo que estamos leyendo. La letra impresa no basta.

Lo que nos lleva al segundo secreto de la lectura...

9

El segundo secreto de la lectura: la magia del lenguaje

En francés, *Si on veut lire une langue, il faut d'abord comprendre la langue* significa «Si se quiere leer en una lengua, primero hay que comprender la lengua». Cuanto más se sepa acerca de una lengua, más fácil será leerla.

Es imposible leer bien sin comprender el significado de las palabras, sin comprender las formas ingeniosas en que se combinan las palabras para formar frases, sin comprender cómo aquellas palabras y frases se transforman en libros, párrafos y oraciones, listas de la compra, tarjetas de cumpleaños, revistas, anuncios, prensa deportiva y páginas web.

Si queremos que nuestros hijos aprendan a leer cualquier cosa —y no digamos leer más o un material más diverso o más complejo—, el hecho de proporcionarles la mayor experiencia posible acerca del lenguaje constituirá una ayuda extraordinaria.

* * *

Podemos enriquecer las experiencias lingüísticas de los niños hablándoles sin cesar, como si fueran nuestros compañeros, nuestros iguales: consolando a un bebé que llora con delicadas palabras de adultos; comentando todo lo que sucede en la vida cotidiana, sin tener en cuenta la edad de los niños, mientras les estamos cambiando los pañales, comprando, analizando los resultados de la liga de fútbol a final de temporada, discutiendo los pros y los contras del matrimonio o criticando las iniquidades de la globalización. O también cantando.

Las canciones y las rimas infantiles proporcionan ritmos reconfortantes en los primeros años de la vida de los niños y también los pone en contacto con maravillosas formas de lenguaje. Son una prolongación natural del latido materno y del balanceo rítmico que los brazos o una cuna proporcionan al pequeño. Se pueden leer, recitar o cantar con una voz suave y baja siempre que está adormecido o inquieto. Y también es divertido recitarlos y aprenderlos cuando los niños están despiertos y animados.

Con las canciones los niños aprenden palabras, frases, ritmo, rima y repetición, es decir, todo lo que más tarde encontrarán en los libros que lean. A los pequeños que son incapaces de reconocer el hecho de que dos palabras tales como «soñar» y «descansar» riman —y son innumerables— les cuesta muchísimo aprender a leer, mientras que los que son capaces de hacer rimas se sienten más inspirados y tienen más probabilidades de intuir el significado de una palabra determinada cuando la leen.

Los rimadores serán lectores: así de simple. Los expertos en alfabetización y desarrollo infantil han descubierto que si los niños saben ocho canciones de cuna de memoria a los cuatro años, a los ocho se contarán entre los mejores lectores. No tenía ni idea de la importancia de las canciones y poemas cuando Chloë era pequeña, pero solía cantarle cada noche, a la hora de acostarse, canciones, nanas o rimas para bebés. No todo el mundo sabe cantar, pero los beneficios de hacerlo son incontables. Después de todo, ¿quién va a oírnos? Sólo un niño que nos ama con locura.

* * *

No hay que infravalorar la importancia de incorporar las canciones y los poemas en la vida de los niños. Parece fácil de conseguir, pero resulta asombroso y también deprimente descubrir cuántos niños llegan a la escuela hoy día sin haber aprendido de memoria las canciones de cuna más fundamentales.

Hace algunos años, cuando trabajaba con pequeños escolares para un programa de televisión acerca de la alfabetización en la más tierna infancia, los niños se aburrían una barbaridad. En ocasiones, los errores humanos o técnicos nos obligaban a repetir dos o tres veces el rodaje de una secuencia. Una niña de 6 años y yo nos lamentábamos de cuán tediosa estaba resultando la experiencia y le sugerí que cantáramos canciones para pasar el tiempo.

—De acuerdo —dijo animándose.

Y empecé con «Humpty Dumpty», pero no la conocía y no pudo participar, aunque daba la sensación de estar pasando un buen rato. A continuación probé con «Mary Had a Little Lamb», pero tampoco la sabía. Proseguí con «Jack and Jill», «Hickory Dickory Dock» y «Baa, Baa, Black Sheep», pero no había manera, no conocía ninguna.

—Es tu turno —dije—. Canta una. Estoy cansada.

Pero fue incapaz de hacerlo. ¡A los 6 años no sabía ninguna canción infantil! Me sentí tan descorazonada al pensar en su futuro que casi infrinjo mi propia regla dejándome llevar por el pánico. Pero logré controlarme y mantener la calma. Acto seguido, me propuse enseñarle «Three Blind Mice». Le costó bastante aprenderla. No estaba acostumbrada a la rima, o a cantar, que para el caso era lo mismo. Lo más probable es que tampoco hubiera disfrutado nunca de un poema.

Después de las canciones de cuna y las rimas infantiles, los poemas constituyen el siguiente paso lógico. Nadie puede resistirse a los antiguos poemas tradicionales.

Mucha gente cree que a los niños no les gustará la poesía, pero eso no es cierto. La poesía sólo tiene mala fama por culpa de los adultos, cuyas opiniones están teñidas por el infausto recuerdo de su pasado estudiantil, cuando tenían que memorizar interminables e incomprensibles poemas. Los poemas pueden ser un camino hacia la alfabetización para los niños que alguna vez hayan tenido dificultades para leer. Oí hablar de un pequeño de sexto curso que finalmente consiguió descifrar el código de la lectura cuando le regalaron un libro de poemas. La rima rítmica y la repetición en aquellos divertidísimos poemas pulsaron un interruptor en su cabecita, y de repente fue capaz de encontrar un sentido a la palabra impresa. O, lo que es lo mismo, aprendió a leer.

* * *

Y no debemos olvidar la increíble locura poética de los libros del doctor Seuss con su inspiradísimo énfasis en el ritmo, la rima y la repetición. Chloë y yo aún nos sabemos casi de memoria *Green Eggs and Ham* gracias a las innumerables ocasiones en que lo leímos juntas a pesar de no haber vuelto a hacerlo desde hace veinte años.

* * *

Cuando los niños han atesorado un sinnúmero de modelos rítmicos, disponen de un colosal almacén de información para ayudarles en la tarea de aprender a leer, un precioso banco de lenguaje: palabras, frases, estructuras y gramática. Poco a poco, las palabras así almacenadas empiezan a fluir en su lenguaje hablado cotidiano y un buen día, sin darnos cuenta, tenemos ante nuestros ojos un niño que se expresa muy bien.

No deberíamos subestimar nunca lo que los niños son capaces de hacer como lectores y como oyentes. No hace mucho, un profesor leyó una versión íntegra de *Les Misérables* a su clase de niños de 6 años durante todo un año escolar. A nadie se le ocurrió sugerir que ni siquiera resultaría un material de lectura adecuado para niños de 11 años. Les gustaba el argumento, la emoción, la acción y la historia de amor, y esperaban con entusiasmo la sesión diaria de lectura. Los que faltaban a una clase estaban ansiosos por saber qué había sucedido en el capítulo cuya lectura se habían perdido.

El nieto de mi médico leyó ávidamente todos los libros de Harry Potter, uno de los cuales tiene más de quinientas páginas, a la edad de 6 años, al igual que otros millones de niños. ¿Quién habría podido imaginarlo?

Ellen, una maestra de Tennessee, leyó todos los poemas originales del musical *Cats*, publicados en *El libro de los gatos habilidosos del viejo Possum*, de T. S. Eliot, a su hijo de 3 años. A los 4 y medio, el pequeño se los sabía de memoria, después de haber pedido a su madre que se los leyera una y mil veces.

Tengo que admitir que esta historia de lectura en voz alta me asombró. El vocabulario de los poemas de Eliot es extremadamente complejo y el lenguaje es tan sutil que creí que resultaría demasiado difícil para un niño tan pequeño. Pero, al igual que muchos adultos, me quedé de nuevo en el barro en lugar de recordar el inmenso firmamento estrellado de las capacidades y el potencial infantil.

En la otra cara de la moneda, de vez en cuando cometemos errores acerca de lo que los niños son capaces de afrontar a una edad determinada. Dave, el editor de mi esposo, estaba leyendo uno de los *Sólo cuentos*, de Rudyard Kipling, a su hijo, que acaba de cumplir 4 años. «No leas esto, papi —dijo Eamon—. Es demasiado paternal.»

Los niños no se andan con rodeos para decirnos cuándo están aburridos, y si creen que hemos elegido mal, nos lo harán saber sin tapujos. Cada niño es un individuo, y a menudo sus preferencias son increíbles. A algunos niños de 4 años les fascinaría el lenguaje del siglo XIX de *Sólo cuentos*, pero si, como adultos, nos mostramos especialmente apegados hacia un libro determinado —si nuestra fiebre literaria y emocional no ha subido y si los niños a los que leemos no parecen estar excesivamente absortos—, deberíamos dejar a un lado dicho libro. El entusiasmo tiene que emerger en torno a un libro desde los cuatro puntos cardinales, de lo contrario corremos el riesgo de que los niños acaben pensando que la lectura es aburrida.

* * *

Como ya he dicho, es importante, sobre todo con los niños pequeños, repetir los mismos cuentos una y otra vez para que el libro-lenguaje pierda su naturaleza desconocida y se convierta en algo familiar. El lenguaje de los libros suena diferente, tiene un aspecto diferente y *es* diferente.

* * *

Los niños a los que no se les ha leído en voz alta no esperan que el texto tenga sentido, y si no esperan que tenga sentido, tendrán muchas dificultades para aprender a leer. Cuando intentan leer solos, con frecuencia lo hacen *sin* sentido, pues nunca han experimentado el sentido en el lenguaje escrito —el sentido de la rima, el sentido de los cuentos, el sentido de las canciones, los sonidos de las palabras inusuales, la gramática formal y desconocida de las oraciones escritas, y el funcionamiento de las frases.

* * *

Los niños a los que se les ha leído en voz alta con regularidad esperan que la letra impresa tenga sentido. Conocen la rima, el ritmo y la repetición. Saben cómo fun-

cionan los cuentos y eso les facilita mucho leerlos. Son capaces de anticipar la llegada de determinadas palabras, pautas y argumentos.

¡Y aun así, algunos de los libros peor escritos del mundo —las llamadas «lecturas escolares»—, que, como es natural, sólo se encuentran en las escuelas, se destinan a los niños que están aprendiendo a leer! En las insustanciales historias que llenan estos libros nunca le sucede nada importante a nadie. Sus relatos insulsos convierten la lectura en una actividad lóbrega y carente de inspiración.

Y lo más peligroso de todo es que las lecturas escolares transmiten el mensaje de que leer es aburrido y, por lo tanto, los niños dejan de leer, y cuando dejan de leer, dejan de aprender a leer. Y luego se preguntan por qué tenemos un problema de alfabetización.

Si se comprende una lengua y su funcionamiento, y si también se comprende la letra impresa, ¿es posible leer correctamente en esta lengua, en voz alta, pero aun así no estar «leyendo»? Pues sí, lo es.

No hace mucho, estaba escuchando cómo una niña leía un libro que era demasiado difícil para que pudiera comprenderlo, aunque era capaz de descifrarlo y de pronunciar las palabras impresas. Ignoraba los puntos y las comas, y lo leía todo con la misma entonación. Era capaz de reproducir los sonidos correctamente, pero no leía, aunque su madre estaba convencida de que lo estaba haciendo y se sentía impresionada.

—¿Podrías decirme de qué trata la historia? —interrumpí, fingiendo estar confusa—. Me he perdido, ¿sabes? ¿Qué ha sucedido?

La niña fue incapaz de decírmelo. No había comprendido la historia porque no empleaba su conocimiento de la lengua. Simplemente utilizaba la fonética. Leía pero sin comprender, es decir, pronunciaba cada palabra correctamente, pero sin expresión o significado. Así pues, es posible leer la letra impresa sin estar leyendo.

* * *

Si el conocimiento de la mayor cantidad de lenguaje posible constituye el segundo secreto de la lectura, ¿cuál es el tercero?

10

El tercer secreto de la lectura: la magia del conocimiento del mundo

El tercer secreto de la lectura es nuestro conocimiento general, o lo que es lo mismo, todo lo que tenemos en la cabeza, todo lo que hemos experimentado desde que nacimos hasta hoy. Cuanto más se sepa de la vida, el universo y todo lo demás, más fácil resultará leer.

Veamos un ejemplo. Para un taxista entusiasta del golf y que conoce el significado de términos tales como «*bogey*», «*birdie*», «*par*» y «*putt*» es fácil leer y comprender un artículo detallado sobre este deporte. Por otro lado, a un cardiólogo que no tenga ningún conocimiento de golf le podría resultar muy difícil comprenderlo. Aun así, un cardiólogo que lo sabe todo acerca de las enfermedades cardiovasculares sería capaz de leer y comprender los escritos de otro cardiólogo sobre el tema. Para el taxista, dicha información resultaría incomprensible.

* * *

Si queremos que nuestros hijos aprendan a leer cualquier cosa —y no digamos leer más o un material más diverso o más difícil— es fundamental ofrecerles la mayor cantidad posible de experiencias del mundo, al igual que les proporcionamos la mayor cantidad posible de experiencias de los otros dos secretos de la lectura: la comprensión de la letra impresa y la comprensión del lenguaje.

* * *

Podemos facilitarles una buena dosis de información a través de la lectura propiamente dicha. Cuanto más leamos en voz alta a los niños y más lean ellos solos, más experiencia tendrán acerca del mundo gracias a las cosas que encuentran en los libros. Y cuanta más experiencia tengan acerca del mundo, más fácil les resultará leer.

Cuando leemos en voz alta a los niños, éstos empiezan a formar un importante acervo de cultura general, sobre todo cuando escuchan historias que son incapaces de leer por sí solos. Por ejemplo, en el clásico libro ilustrado infantil, *Harry, el perrito sucio*, de Gene Zion, aparece esta frase: «Resbaló, fue a parar a una tolva de carbón y se ensució de la cabeza a los pies». Esta oración es más difícil de leer para los niños de hoy que para los de 1956, año en que se publicó el libro por primera vez. En 1956 muchos niños habrían comprendido lo que era una tolva de carbón y habrían sido capaces de leer la frase sin mayores problemas, pero actualmente es más difícil de descifrar, pues las tolvas de carbón ya no forman parte de su mundo conocido.

Sin embargo, si leyéramos varias veces *Harry, el perrito sucio* a un niño, comentando las ilustraciones, riéndonos con el perrito que resbala y va a parar al fondo de la tolva de carbón, y regocijándonos de su regreso a casa, la idea de una «tolva de carbón» formaría parte del mundo conocido del niño. Luego, cuando leyera el libro él solo, «tolva de carbón» no representaría ninguna dificultad.

* * *

Como es natural, los niños no aprenden cosas del mundo sólo a través de las páginas de los libros, sino también por el hecho de vivir en el mismo. Es importante para nosotros llevarlos de excursión siempre que sea posible, aunque sólo se trate de dar un paseo hasta las tiendas del barrio, el parque o el zoo, por no decir otra ciudad o país. También recopilarán información acerca del mundo escuchando hablar a adultos interesantes, viendo buenos programas de televisión y aprendiendo un montón de cosas del entorno, desde gráficos por ordenador hasta cómo se prepara una tarta, ordeñar una vaca o jugar al fútbol. Ampliar su experiencia en todas las direcciones les ayuda a comprender mejor cómo funciona el mundo.

* * *

Incluso nosotros, los adultos, con nuestro extraordinario conocimiento del lenguaje y de la letra impresa, debemos tener un cierto nivel de conocimiento del mundo antes de poder leer fácilmente determinados textos. Aunque usted y yo seamos capaces de «leer» la mayoría de los textos correctamente, ¿realmente estamos leyendo cuando el contenido va más allá de nuestra comprensión? Por ejemplo, es probable que sepamos «leer» fácilmente el siguiente párrafo, aunque tengo la impresión de que sólo los entusiastas del posmodernismo serán capaces de comprenderlo:

> [...] La existencia ininterrumpida del arte como un concepto coherente [...] sirve para proteger el discurso semiológico de la difícil problemática planteada por la estética [...]. La incapacidad semiológica de hacer frente a esta estética se debe paradójicamente [...] a su fundamento en la preservación de la subcategoría de arte determinada por el valor.

Si hemos puesto a prueba nuestra técnica de lectura leyendo en voz alta este pasaje y hemos emitido los sonidos correctos, como probablemente habremos hecho, y si hemos realizado una pausa en los lugares adecuados, como sin duda habremos hecho, dada nuestra comprensión del funcionamiento del lenguaje, cualquiera que nos escuche podría pensar que hemos comprendido el texto, cuando en realidad, la mayoría de nosotros habremos sido incapaces de encontrarle demasiado sentido —aunque hayamos sido capaces de utilizar lo que sabemos acerca del lenguaje y la letra impresa—, pues no teníamos conocimientos de aquel «mundo». Hemos pronunciado palabras que en realidad no podíamos comprender, lo cual quiere decir que no hemos estado «leyendo».

Por esta razón, es una locura intentar evaluar la capacidad de lectura de los niños pidiéndoles simplemente que lean en voz alta. Podrían hacerlo satisfactoriamente sin comprender una sola palabra del texto, ¡y esto no es leer! Hay que dialogar con ellos sobre lo que están leyendo para asegurarnos de que comprenden lo que está sucediendo en el cuento y descubrir si están —si viven— en aquel «mundo» y si realmente están leyendo.

* * *

Ahora ya sabemos que la lectura comprende tres «secretos» claramente definidos e independientes: comprensión de la letra impresa, comprensión del lenguaje y comprensión del funcionamiento del mundo. Cuando los tres secretos de la lectura se combinan, empieza la emoción.

11

¿Qué ocurre cuando se combinan los tres secretos de la lectura?

Cuando la comprensión de la letra impresa, el lenguaje y el mundo actúan en equipo, nace la lectura. Los tres van cogidos de la mano, como amigos inseparables, y cada uno de ellos ayuda a los demás. Por separado, no dan buenos resultados. La lectura es un gran juego de adivinanzas, y si uno de los secretos de la lectura fracasa en su intento de ayudarnos a «adivinar» o leer correctamente, los otros dos acuden de inmediato para echarnos una mano.

Cuando los niños no aprenden a leer, o lo hacen con suma dificultad, a menudo es debido a que se está concediendo una excesiva atención a uno de los secretos de la lectura, con exclusión de los demás. Muchos padres y profesores tienden a centrarse demasiado en la letra impresa, por ejemplo, sin darse cuenta de la existencia de los otros dos secretos y de su importancia.

Cuando surgen problemas de lectura, suele ser una buena idea pedir a los niños que utilicen lo que han aprendido del mundo y del lenguaje del «libro» para adivinar el significado que podría tener una palabra. También sería aconsejable que dejaran de leer de inmediato —o que dejáramos de leerles— y que hicieran los juegos de los que hemos hablado en el capítulo 7 para que puedan experimentar, aún más si cabe, los auténticos placeres que brindan los libros.

* * *

Al leer absorbemos la mayor cantidad posible de información tan rápido como podemos para ayudarnos a predecir de un modo más eficaz cuál será la palabra siguiente, y luego la siguiente, y la otra. Anticipamos lo que va a suceder recurriendo a la letra impresa que vemos en la página, al lenguaje que comprendemos y al mundo que conocemos. Predecimos y confirmamos a un ritmo asombroso.

Por ejemplo, si alguien que tiene una caligrafía espantosa nos envía una postal que dice: «¡Que te lo pases muy bien montando a cabello!», es posible que seamos incapaces de descifrar la letra impresa, pero nuestro sentido común nos inducirá a pensar que lo que ha querido decir es montando a «caballo». Hemos adivinado la palabra apropiada —«caballo»— y hemos leído correctamente la postal porqùe sabemos que la gente no suele montar cabellos.

Leemos lo que esperamos leer. Una viñeta del dibujante inglés Graham Rawless («Lost Consonants») representa a Shakespeare cocinando, con un pie de ilustración que reza lo siguiente: *The collected woks of Shakespeare* [«Los "cuencos chinos" completos de Shakespeare»]. Tardé una eternidad en descubrir el chiste. Como un clásico producto escolar, tenía tantas predicciones acerca de aquella frase, basadas en lo que sabía de la lengua inglesa, el teatro y las obras completas de Shakespeare, que era incapaz de advertir la ausencia de la letra «r» en la palabra «works» [obras] —un *wok* es un «cuenco chino»— por mucho que me fijara.

A los buenos lectores no les hace falta comprender o saber cómo se pronuncia cada palabra para leerla. En esta frase: «Es difícil leer el comienzo de la novela de Dostoyevsky, *Los hermanos Karamazov*, a causa de sus arterioesclerotizantes nombres rusos», es probable que no comprendamos perfectamente el significado del término «arterioesclerotizante», pero sabemos cómo funciona el lenguaje, lo cual nos permite adivinar, a partir de su lugar en la oración, que significa algo así como «confuso» o «recargado».

* * *

Cuanto más hayamos leído de un libro, mayor será la precisión con la que adivinaremos lo que viene a continuación. Cuando hemos oído muchas veces las mismas palabras, frases e historias, disponemos de un fuerte andamio alrededor de las palabras de la página que nos ayuda a realizar excelentes predicciones acerca de su significado. Lo mismo se aplica a los niños y a cualquier libro que lean. Pero recordemos que para ellos, y también para

Mi cerebro necesita ejercicio
horacek

nosotros, es difícil leer palabras con las que no estamos familiarizados si somos incapaces de pronunciar como mínimo algunas de las letras que las componen.

En realidad, cuando leemos no miramos todas las palabras. No es preciso hacerlo. Muchas de ellas son poco importantes. Conocemos con antelación un sinfín de palabras que se sucederán a lo largo del texto. Cuando dejamos de prestar atención a las palabras poco importantes, podemos encontrar el sentido de un texto escrito si lo leemos con rapidez. Por ejemplo, los lectores de este libro serán capaces de leer muy rápidamente el texto siguiente:

> Cuanto más hayamos ... un libro ..., mayor ... precisión con la que adivinaremos lo que ... a continuación. No hace falta ... leamos todas las palabras, porque muchas ... ellas no son importantes. Conocemos ... antelación un sinfín de palabras que ... sucederán a lo largo del texto.

* * *

En el proceso de adivinación rápida sacamos el máximo partido de lo que acabamos de leer, utilizando la información previa inmediata para predecir lo que vendrá a continuación. De ahí que, cuando estamos leyendo un artículo o un libro difícil, no podamos seguir adelante hasta haber clarificado perfectamente el principio del mismo. Una vez comprendido y tras haber recopilado la suficiente información sobre la que fundamentar la adivinación y conseguir que ésta sea lo más precisa posible, seremos capaces de leer.

Por ejemplo, a mucha gente le resulta difícil leer el comienzo de las novelas de Charles Dickens, ya que las múltiples complejidades del argumento se establecen en las primeras páginas y se introducen innumerables interconexiones entre los personajes. Las palabras poco importantes son tan escasas que casi obligan a pronunciarlas en voz alta a medida que se van leyendo. Es imposible leer el texto por encima. No queda otro remedio que volver al principio una y otra vez. Luego, cuando por fin se ha comprendido la introducción, la tarea de «predicción y confirmación» se realiza mucho más deprisa. Los nombres y las relaciones se definen fácilmente, y ya es posible leer por encima con eficacia, avanzando rápidamente, con la ansiedad propia de quien desea descubrir lo que va a suceder a continuación.

* * *

Para adquirir confianza, los lectores principiantes tienen que ser capaces de hacer una lectura superficial desde el principio, lo cual parece una contradicción: ¿cómo pueden leer por encima si no saben leer? Las rimas y canciones proporcionan muchas palabras fáciles de «leer», pues los niños saben de antemano, por la naturaleza predecible de la rima y el ritmo, cuál es la palabra correcta con la que acabará una frase determinada. No tienen que «leerla-verla», sino que pueden «leerla-adivinarla». Empiezan a pensar en sí mismos como lectores: primero, la actitud, y luego, la técnica. Las historias rítmicas, rimadas y repetitivas les permiten alcanzar un éxito inmediato de «lectura por encima» en sus primeros encuentros con los libros, además de potenciar su confianza en sí mismos.

En mi libro *Time for Bed*, sin ir más lejos, existen muchísimas palabras fáciles de adivinar. Cuando los niños han oído las dos o tres primeras páginas, captan la idea que se esconde detrás de la pauta y continúan «leyendo», aun en el caso de que no puedan ver el libro:

> Es hora de dormir pequeña ratita, pequeña ratita,
> todo está muy oscuro en la ...
> Es hora de ... pequeño pato, pequeño pato,
> las estrellas han salido y juegan un rato.
> Es hora de dormir pequeño gatito, ... gatito,
> acurrúcate a mi lado, así está bien, ...

Enseguida comprenden, al igual que lo hizo Ben, de 3 años, que apareció en el programa de televisión, que cada página empieza con: «Es hora de dormir ...», saben que cada animal se repite dos veces: «... pequeña ratita, pequeña ratita», y que las segundas líneas riman con las primeras: «Es hora de dormir, pequeño gatito, pequeño gatito/acurrúcate a mi lado, así está bien, pequeñito».

Al final, los niños que se familiarizan con este tipo de canción de cuna comprenden tantas palabras que son capaces de hacer magníficas predicciones y pueden «leer» sin mirar, lo cual constituye un primer paso muy importante en el desarrollo de la lectura. A partir de ahí se dejarán llevar por el entusiasmo y acabarán aprendiendo a manejarse con la letra impresa propiamente dicha y a leer en el sentido más estricto de la palabra, utilizando los tres «secretos» de la lectura, incluida la letra impresa.

* * *

Libros tales como *Time for Bed* pueden dar la impresión de que los jóvenes lectores no necesitan mirar en absoluto el texto para ser capaces de pronunciar correctamente las palabras, cuando en realidad no es así. Pueden hacer predicciones cruciales fundadas muy sensiblemente en su comprensión del lenguaje y en su conocimiento general del mundo, al igual que lo hacemos todos, pero ver y comprender la letra impresa facilita de un modo decisivo la corrección del «arte» de la adivinación lingüística. Sin ello, resultaría imposible leer con precisión.

* * *

Cuanto más deprisa se lee, más fácil es leer, pues podemos almacenar en la memoria todo lo que se ha leído hasta el momento y luego utilizar esa información para adivinar lo que vendrá a continuación. La memoria humana se satura enseguida cuando se lee lentamente. Se produce un forcejeo palabra por palabra y, cuando se ha descubierto el significado de una, ya se ha olvidado lo que se había leído con anterioridad. Por esta razón, lo que se ha leído no contribuye a dar un sentido a lo que se acaba de leer. ¡Una pesadilla de confusión!

Esto explica que sea más difícil leer en voz alta que en silencio, sobre todo cuando se está leyendo un texto desconocido, como en el caso del pasaje anterior sobre el posmodernismo. La lentitud en el avance sobrecarga la memoria y bloquea el significado. ¡Aun así, sin saber por qué, nos empeñamos una y otra vez en pedir a los niños que leen con dificultades que nos lean en voz alta! Es una insensatez y muestra una profunda falta de comprensión del proceso de lectura. Lo que estos pequeños necesitan desesperadamente es que les leamos más a menudo y que luego dialoguemos con ellos sobre lo que han comprendido y lo que les ha gustado.

Cuando los niños se esfuerzan en leer en voz alta, en el colmo de la agonía, un texto que no les resulta familiar como: «El • perro • flaco • gruñía • y • mostraba • los • dientes», tardan tanto en adivinar cada palabra que olvidan lo que ya han leído en el cuento, su mente se cierra, atenazada por el miedo, la confusión o el aburrimiento, y cualquier información previa acerca de la letra impresa, el lenguaje y el mundo sale volando por la ventana.

La única forma de captar su significado consiste en transformar la letra impresa en sonido, lo cual resulta estrepitosamente ineficaz. La letra impresa apenas resulta útil hasta que añadimos la comprensión de las palabras sueltas en oraciones completas, sobre todo cuando existen varios significados posibles, como en los ejemplos siguientes:

Yasser Arafat hurried home from France to deal with the building crisis.

[«Yasser Arafat se apresuró a regresar a su país desde Francia ante la crisis galopante.»]

¿Es una crisis en el sector de la construcción (en inglés, *building* también significa «construcción»). ¿O una crisis que iba en aumento? ¿Cómo podemos saberlo sin leer las frases anteriores o posteriores?

Permit me to help me.
They gave her the permit.

[«Permíteme que te ayude.
Le concedieron el permiso.»]

El significado de *permit* depende de si el énfasis se pone en la primera o la segunda sílaba, y no lo sabremos hasta que la palabra aparezca en una oración.

She wiped the tear from his cheek.
He mended the tear in his shirt.

[«Se secó la lágrima de la mejilla.
Limpió la mancha de su camisa.»]

Una vez más, sólo sabremos cómo hay que pronunciar *tear* leyendo las demás palabras de la frase: una se pronuncia *tier* y la otra *tare*.

The book was red.
The book was read by the whole group.
«Let's read it!», they said.

[«El libro era rojo.
Todo el grupo leía el libro.
"¡Leamos de nuevo el libro!", dijeron.»]

En las dos primeras oraciones, *red* y *read* suenan exactamente igual, mientras que en las dos últimas, *read* y *read* se deletrean exactamente igual, pero su pronunciación es completamente distinta. Necesitamos las palabras que rodean cada palabra misteriosa para ayudarnos a decidir de cuál se trata y qué significa.

* * *

Esperamos que las palabras aparezcan en el contexto de una frase. En la vida real, sólo en contadísimas ocasiones están separadas entre sí en listas elaboradas al azar y sin nada a su alrededor sobre lo que fundamentar una adivinación eficaz. La mayoría de las palabras individuales carecen de sentido por sí mismas. Nada tiene sentido en una lista de palabras desvinculadas. Con todo, a menudo se dan listas como la siguiente a los niños para que las «pronuncien»:

- escuela,
- morder,
- entonces,
- ganas,
- centro,
- admitir,
- eludir.

Siempre es más difícil leer listas de palabras seleccionadas al azar, sobre todo para los confusos niños que están aprendiendo a leer, que hacerlo en frases normales. Es desaconsejable pedirles que identifiquen listas de palabras desvinculadas e incluso peor pedirles que pronuncien palabras inventadas y que carecen del menor sentido como un modo de averiguar si realmente saben leer. No demuestra nada en absoluto acerca de si son o no realmente capaces de leer, pues sólo se emplea uno de los tres secretos de la lectura: la letra impresa.

* * *

Los buenos lectores casi nunca pronuncian en voz alta las palabras, lo cual podría parecer extraño. Deberían hacerlo correctamente; no en balde son buenos lectores. Pero no es así. En realidad, usan los demás secretos de la lectura —su cultura general y lo que saben del lenguaje— para identificar la palabra correcta. En efecto, los buenos lectores utilizan los tres secretos de la lectura simultánea, rápida y eficazmente.

Por su parte, los malos lectores sólo usan uno de los secretos: la fonética, y aun así, con lentitud. Pronunciar en voz alta las palabras constituye la única forma de asignar un sentido al texto que tienen ante sí. Lamentablemente, la pronunciación en voz alta los convierte en lectores peores de lo que ya son: se aburren y se frustran.

Cuando los niños se esfuerzan en leer una palabra cada vez, debemos recordar que para ellos es como leer a través de un tubo de cartón, o incluso una pajita de refresco. Sólo ven una o dos palabras al mismo tiempo, lo cual les impide leer correctamente, ya que lo hacen con una excesiva lentitud como para captar su significado. Si intentáramos leer a través de una pajita, comprobaríamos que es casi imposible comprender el significado de la página. Si es difícil para nosotros, imagine lo complicado que debe de ser para los aprendices de lector conseguir averiguar el sentido de lo que intentan leer.

* * *

Si estamos escuchando a un niño que se esfuerza en leer en voz alta y no lo consigue, deberíamos detenerlo de inmediato, volver hasta el principio del cuento, siempre con delicadeza, y leer nosotros unas cuantas páginas. Esto proporcionará suficiente información al pequeño para que comprenda el argumento. Como mínimo, clarificará los nombres de los personajes principales, como en el libro de Judith Viorst, *Alexander y el día terrible, horrible, espantoso, horroroso*. Cuando el niño ha escuchado la historia varias veces, no debería resultarle difícil leer el nombre «Alexander». Luego, podríamos decir: «Muy bien, lo haremos por turnos. Yo empezaré, tú leerás el siguiente fragmento, y luego yo leeré un poquito más».

* * *

Por asombroso que pueda parecer, deberíamos pronunciar las palabras que los niños son incapaces de leer, como lo hacía Malcolm mientras grababa en vídeo a Chloë leyendo *The Beast of Monsieur Racine*. Debemos apresurarnos para que su memoria no se sobrecargue y puedan utilizar toda la información que han recopilado hasta ese momento, además de utilizar su comprensión de la letra impresa, el lenguaje y el mundo para captar el significado preciso del texto a medida que lo van leyendo. Todo lo que pueda ralentizar su ritmo es negativo.

Como ya he dicho varias veces, los niños tienen que usar los tres secretos al unísono —la letra impresa, el lenguaje y el conocimiento del mundo— para ser capaces de leer con más fluidez, aunque en general suelen estar demasiado tensos para utilizar el segundo y el tercero, y no logran aprender a leer como es debido, lo que a menudo también se traduce en un fracaso en las demás asignaturas. Se les suele considerar «incapacitados para la lectura».

Para evitarlo, hay que ayudar a los lectores principiantes a progresar rápidamente en la historia que tratan de descifrar para que puedan recordar lo que están leyendo. Entonces, se relajarán, encontrarán un mayor significado a la letra impresa y, por último, empezarán a disfrutar del texto. Confiarán menos en la pronunciación de las palabras por separado y realizarán adivinaciones más rápidas y precisas. Al final, leerán. ¡Eureka! Y quizá por primera vez en su vida se den cuenta de que leer aporta un sinfín de maravillosas recompensas.

* * *

¡Por lo menos sabemos lo que significa leer! Sin esta información continuaríamos apegados a un sinfín de obsoletas creencias acerca de la lectura.

A estas alturas también sabemos que es mucho más eficaz en términos de desarrollo de la lectura leer maravillosa literatura en voz alta a los lectores principiantes con dificultades que pedirles que sean ellos quienes lo hagan. Cuando leemos mucho en voz alta a los niños y se repiten las mismas historias una y otra vez, no tardan en aprender a leer. Cuanto más familiarizados estén con un buen libro o un buen cuento, más capaces serán de leerlo en el futuro.

Aunque parezca triste y difícil de creer, los incalculables beneficios de la lectura en voz alta no han sido reconocidos de modo unánime ni suficientemente fomentados. Incluso cuando se conocen sus beneficios, muchos padres no los toman lo bastante en serio porque tienen la sensación de que leer en voz alta es demasiado simple y evidente como para ser importante. «¡Ah, sí! —dicen—. ¿Leer en voz alta? ¡Estupendo! Lo haré.» Y luego leen un cuento muy de vez en cuando, pero no lo bastante a menudo o con la suficiente regularidad.

Así pues, ayudemos a los niños a que aprendan a leer leyéndoles en voz alta con frecuencia, siempre que sea posible. De este modo, conseguiremos que se familiaricen con lo que en su día fue absolutamente desconocido. Y a continuación, leámosles de nuevo. Y ¿luego? No hay duda: ¡volvamos a leerles en voz alta! Una vez más y tantas como haga falta. Y no desaprovechemos la ocasión de poner en práctica aquellos sencillos juegos de enseñar sin enseñar.

12

«¡Libro! ¡Libro! ¡Libro!»

Una bibliotecaria que conozco salió un día con un amigo suyo, un padre joven, para ayudarle a comprar los regalos de cumpleaños de su hija, que estaba a punto de cumplir cinco años. «¿Por qué no le compras un par de libros?», preguntó.

—¿Libros? —dijo el padre—. ¿Por qué iba a comprarle libros si no sabe leer?

La cuñada de un amigo se sentía incomprensiblemente ansiosa porque sus hijos no estaban adquiriendo las técnicas de lectura con la rapidez que había imaginado. Resultó que en su casa había poquísimos libros, y los que había estaban polvorientos; hacía siglos que nadie los hojeaba.

Una mujer que conozco envió varios libros ilustrados a su sobrino en el día de su cumpleaños. Cumplía 2 años. La madre del niño le escribió diciendo: «Gracias. ¡Qué idea tan curiosa!».

* * *

Hay demasiados hogares sin libros. ¿Cómo pueden resultar atractivos los libros si no se tiene ninguno a mano?

En la sociedad hay niños especialmente privilegiados desde un punto de vista material, pero que ni saben leer ni podrán hacerlo jamás. Y no es difícil adivinar por qué. Tienen televisión y todos los reclamos comerciales de una infancia adinerada, pero carecen de libros. Así pues, nunca descubrirán el amor por la lectura.

Es imposible esperar que los niños aprendan a leer fácilmente si no hay libros en casa. Sin libros, ¿dónde podrán ver la letra impresa que necesitan ver? ¿Cuándo escucharán el lenguaje que necesitan escuchar? Y ¿cómo ampliarán su comprensión del mundo tal y como necesitan ampliarla? Una sesión de lectura en voz alta no puede existir sin algo que leer. Los libros y los cuentos deben estar siempre en casa; éste es el primer requisito.

Tener buenos libros permite a los niños leerlos una y otra vez, disfrutando de todos los beneficios que se obtienen de la repetición de las historias. Conozco a un niño en Adelaide que leyó un libro favorito del doctor Seuss hasta la saciedad. Sus padres lo sustituyeron por otro igual no una vez, sino tres en siete años. Leer el mismo libro una y mil veces a lo largo de los años convirtió al niño en un lector.

Claro está que ir a una biblioteca también es fundamental, pues la mayoría de nosotros no podemos permitirnos el lujo de comprar todos los libros que nos gustan. La pequeña Millie era la nieta de una bibliotecaria escolar en Colorado y, como es natural, le encantaban las bibliotecas. Un sábado por la mañana, en el coche, cuando apenas tenía un año y había empezado a hablar, su padre dijo: «Vamos a la biblioteca, Millie».

—¡Libro! —dijo de inmediato la niña, dando saltitos de alegría—. ¡Libro! ¡Libro! ¡Libro!

La sublime capacidad de Millie para relacionar las bibliotecas y los libros, y éstos con la felicidad, a una edad tan temprana le dio un impulso extraordinario en las primeras etapas de la niñez.

* * *

Sabemos que los niños como Millie, que proceden de hogares atestados de libros, tienen más éxito en la escuela que los demás, y que cuantos más libros hay en una casa, más probabilidades tendrán los niños de desarrollar sus propias preferencias. Pero ¿por dónde empezar? ¿Qué libros elegir? Y ¿dónde encontrarlos?

Mi esposo, que vive obsesionado por los libros, siempre se sorprende cuando alguno de sus colegas de trabajo le preguntan: «Bueno, y ¿dónde puedo conseguir el nuevo libro de Mem?».

—En las librerías —responde—. En cualquier vieja librería.

Se pregunta de dónde creen que vienen los libros. ¿Tan intimidantes son las librerías que la gente tiene miedo de entrar en ellas? Seguramente no.

Dicho esto, debo confesar que no tenía ni idea de que existían viveros de plantas hasta que me convertí en una

Me
encanta
su obra

FIRMA
DEL LIBRO
HOY
15 h.
El dragón Tim

Gracias

ávida jardinera hace unos pocos años. No supe que se podían comprar plantas en otros sitios que no fuera en la entrada de las ferreterías hasta que un amigo jardinero, asombrado de mi ignorancia, me lo explicó. Tal vez encontrar libros suponga una dificultad similar para la gente que no suele buscarlos a menudo.

También es una buena idea buscar a un librero entusiasta o un bibliotecario apasionado por su trabajo y deseoso de dar consejos y hacer sugerencias. Estas personas comprenden que cada niño tiene intereses diferentes según la edad y que cada cual lee a su nivel. Y lo más importante: conocen los libros, tanto nuevos como antiguos.

Trabar amistad con un librero o bibliotecario que luego también tenga la oportunidad de conocer a nuestro hijo constituye una excelente idea. Ahorra muchísimo tiempo. Podemos apelar a su sabiduría y fiarnos por completo de ellos al seleccionar los libros más adecuados para los niños o encargarlos si no están disponibles en aquel momento. Cuando Chloë era una adolescente, me dejaba aconsejar por un librero a la hora de comprar los libros que podrían resultar más interesantes para ella. Lo aprendí todo sobre los libros de ficción para aquel grupo de edad.

No todo el mundo utiliza los libreros como es debido. Frank Hodge, propietario de la prestigiosa librería infantil Hodge Podge Books, en Albany, Nueva York, suele desesperarse ante la pésima selección de libros para sus hijos que realizan un sinfín de adultos bienintencionados. Le gustaría que los padres, abuelos y tíos prestaran mucha atención a su consejo. Después de todo, lleva más de cuarenta años en el negocio de los libros. En uno de sus recientes boletines escribió lo siguiente:

> Las vacaciones han terminado y todo volverá muy pronto a la normalidad. Me gusta la Navidad, pero algunos de mis clientes me sacan de quicio. Parece como si todos pensaran que los niños están a punto de ingresar en Harvard. Los libros que eligen para los pequeños de 2 y 3 años confundirían a un estudiante graduado. Intento mostrarles los libros que realmente le gustarían a un chiquitín, pero no hay manera. No es de extrañar que algunos niños no aprendan a leer teniendo en cuenta los materiales que les regalan sus familiares.

* * *

Existen muchos factores que determinan si a un niño le gustará o no un libro determinado. Los niños eligen los libros a partir de sus pasiones, su nivel de desarrollo, su estado mental, la hora del día, lo cansados que están, el entusiasmo o falta de entusiasmo que le comunica la lectura en voz alta de un adulto, etc.

Así pues, ¿qué es un buen libro? ¿Cómo podemos saberlo?

Cuando buscamos libros para niños pequeños y un poco más mayorcitos debemos tener presente que les encantan las sencillas historias de no ficción que ilustran y etiquetan objetos familiares en cada página, tales como «sombrero», «abrigo», «zapatos», «paraguas». Por otro lado, los libros sencillos sobre dinosaurios, volcanes, calor y luz, serpientes, el antiguo Egipto, el tiempo, etc., son ideales para el jovencito que muestra un cierto interés en estos temas. Despertar un interés en la niñez puede desencadenar una pasión que dure toda la vida.

A punto de cumplir los 30, Chloë trabajó como periodista en París durante más de tres años. Francamente, vivir a 18.000 km de distancia no era una situación de ensueño para los padres de una hija única, pero ¿de quién era la culpa? Cuando tenía 3 años le habíamos leído un libro muy sencillo de no ficción titulado *France*. Le fascinó. Luego le leímos otro libro de la misma serie, *Sun*. También le gustó, de manera que compramos el mismo libro en francés, *Le Soleil*, y se lo leímos. Más tarde lle-

gó *Madeline*, ambientado en París, y *The Beast of Monsieur Racine*, en el que también se hacía referencia a aquella ciudad. Aquel precoz interés por Francia se transformó en una pasión de por vida. En consecuencia, si queréis que vuestros pequeños crezcan y vivan siempre en la puerta de al lado —¡que Dios nos perdone!—, ¡no les leáis nunca libros sobre las selvas tropicales sudamericanas!

Los niños un poquito más mayores también adoran los libros muy sencillos y claramente ilustrados, tales como el emocionante *El paseo de Rosie*, de Pat Hutchins. Asimismo, les encantan los libros desplegables con ilustraciones humorísticas y detalladas que puedan analizar detenidamente una y otra vez.

Ni que decir tiene que las rimas infantiles se cuentan entre los textos favoritos de los niños de este grupo de edad, además de nanas, canciones fáciles y juegos con los dedos. Los pequeños disfrutan con las rimas infantiles y las canciones, y las aprenden más deprisa si nos mostramos lo más físicos posible cuando las recitamos o las cantamos: haciéndoles botar en las rodillas, acunándoles suavemente o dando palmadas para sincronizar nuestra voz con sus movimientos.

Es una buena idea insistir en lo que los niños han aprendido con todas las rimas y los versos que ya tienen en la cabeza. Podemos hacerlo buscando libros con estructuras similares que se basen única y exclusivamente en el ritmo: libros con pautas muy repetitivas o rimas perfectamente definidas, y un lenguaje cuidado que se utilice de formas innovadoras. Se trata de encontrar palabras y frases graciosas que los niños puedan incorporar a su propio vocabulario, a menudo entre un mar de risas. *Hop on Pop*, del doctor Seuss, constituye un magnífico ejemplo de este tipo de libros. Tiene un ritmo pegadizo, debido en parte a un texto sumamente extraño.

Recuerdo una ocasión en que iba en automóvil con mi editora y su hijo, que por aquel entonces tenía 3 años. El pequeño estaba fatigado y aún nos quedaba un buen trecho, de manera que Allyn y yo empezamos a cantar canciones para entretenerlo. Pero al rato, Eamon, mirando fijamente hacia delante, recitó un verso de *Hop on Pop*: «Adiós, cosa. ¡Cantas demasiado!».

Ninguna otra frase hubiese podido resultar más apropiada para aquella situación. Eamon se había acordado de ella porque las rimas y los ritmos de *Hop on Pop* son lo bastante dominantes y originales como para no olvidarlos. ¡La elección perfecta de un caballero! Y Eamon había sido capaz de utilizarla en el momento más oportuno.

* * *

Los libros del doctor Seuss son inolvidables, pero muchos libros ilustrados no lo son. Desbordan sentimentalismo cursi o simplemente, a la hora de la verdad, descubres que no tratan de nada en absoluto. Pasamos la página y pensamos: «Bueno, y ¿qué?».

Un libro «y ¿qué?» no es ni mucho menos un libro excelente para un niño. Lo único que conseguirá es disuadirle de seguir leyendo, precisamente lo último que se debería esperar. Un libro excelente nos implica como seres humanos. No es genial si deja indiferentes a los lectores adultos o infantiles. Lo será si agita nuestra mente a medida que lo vamos leyendo, si nos afecta profundamente de una u otra forma (risa o llanto, horror o alegría, disgusto o agrado, fascinación o impavidez, etc.). Si un libro hace reír, llorar, estremecerse o gritar a los niños, se acomoda definitivamente en su corazón y no se ausenta jamás.

Cuando volvemos la vista atrás y recordamos los libros que todavía forman parte de nuestra vida, es más que probable que algo fundamental hiciera mella en lo más profundo de nuestro ser. Uno de estos «algos» fundamentales son los problemas. *Problema* significa «dificultad derivada de las cosas que realmente nos importan», como la necesidad de ser amado, no conseguir lo que se desea, el aislamiento, la lucha por los objetivos, el miedo, la tristeza, hacer el ridículo en público, ansiar el liderazgo, los celos, querer sentirse a salvo, tener la esperanza de convertirse en una estrella, etc.

* * *

Para la alfabetización de un niño es más eficaz tener un libro favorito, bellamente escrito y lleno de problemas que un montón de libros insulsos y poco atractivos por los que el pequeño no muestre el menor interés. Pero cualquier libro que realmente le fascine será, sin duda, un buen libro *para* él.

Uno de los libros favoritos infantiles publicado a principios de la década de los años cincuenta pertenecía a la serie «Little Golden Book» y se titulaba *Scuffy the Tugboat*, de Gertrude Crampton. No se trataba, desde luego, de gran literatura, pero en la actualidad aún se sigue reeditando. Me da un vuelco el corazón cada vez que veo el dibujo de Scuffy en la portada.

Mi dentista recuerda un libro titulado *A Pony for Tony* que hacía las delicias de su hijo. Tenía que leérselo mil veces, sin saltarse una página ni una palabra. Ambos se lo sabían de memoria, pero aun así querían seguir leyéndolo en voz alta tan a menudo como fuera posible. Aparentemente, el libro tenía muy pocas cualidades positivas, pero ¿a quién le importaba? Al niño le encantaba y se identificaba profundamente con el personaje, Tony. Aquello era lo que realmente importaba en aquella situación.

La identificación con los personajes atraerá la atención de los niños una y otra vez hacia los mismos libros, por un sinfín de insondables razones emocionales. Desde que sabemos que la lectura repetida de un libro es un factor importante en el desarrollo de la alfabetización, cuando un niño pide que le lean reiteradamente el mismo cuento, la experiencia es insuperable. Y lo hará si le gustan los personajes, si empatiza o se siente identificado con ellos.

Una madre me contó que a su hija le gustaba tanto el personaje Koala Lou que un día, después de muchas lecturas, pidió que esperara y esperara a pasar la página en un determinado pasaje. Koala Lou había trepado a un árbol del caucho con un aparente éxito en los Juegos Olímpicos del Bosque. Pero la niña ya sabía que en la página siguiente le esperaba el desastre y que Koala Lou no conseguía ganar.

—¡Espera, espera! —dijo la pequeña—. No pases la página.

—¿Por qué no? —preguntó la madre.

—Si esperamos, ¡esta vez ganará!

Recuerdo una experiencia similar cuando mi sobrino Tami estaba «leyendo» *The Giant Devil Dingo*, de Dick Roughsey, un libro que conocía a la perfección. Tenía 3 años. El libro empezaba con la dramática ilustración del dingo-diablo gigante asomando por la ladera de una montaña. Tami se sentó, esperando, sin pasar la página.

—¿Qué ocurre? —le pregunté.

—Estoy esperando a que el dingo se vaya. Da mucho miedo.

Este tipo de reacciones son extraordinarias, pues demuestran que los personajes de aquellos libros habían cobrado vida propia y penetrado en el corazón de los dos niños para no abandonarlos jamás.

* * *

La mejor manera de decidir qué libro hay que comprar o tomar prestado, tamizar su contenido y descubrir la esencia de su bondad, así como de sus imperfecciones es —¡sorpresa!— leer en voz alta. Aprenderemos a distinguir con bastante rapidez entre un libro bueno y uno malo si dedicamos el tiempo necesario a sentarnos junto a un montón de libros y a leerlos en voz alta. Los más insulsos no tardarán en destacar, y si leemos con brusquedades, atolondradamente, apresurando las frases, o teniendo que releer los párrafos para clarificar un ritmo, querrá decir que ese libro tampoco es lo bastante bueno: no se han elegido las palabras adecuadas ni se han distribuido correctamente. Hay que buscar libros que cuenten una buena historia y que jueguen con el lenguaje.

Al final, no será difícil decidir qué libros debemos llevarnos a casa. Los que son realmente buenos no permitirán que nos marchemos sin ellos.

* * *

Para los padres que sigan preguntándose «¿Qué libros deberíamos elegir?», es una buena idea organizar un grupo de lectura con otros padres y reunirse de vez en cuando para compartir las experiencias de cada pareja en relación con la lectura en voz alta. A los adultos también les fascinan los libros infantiles cuando son de buena calidad.

* * *

Hasta ahora no he mencionado los cuentos de hadas, pero son extremadamente importantes y no se deben ignorar. En una ocasión, Einstein contó la historia de una mujer que le preguntó qué podía hacer para que su hijo fuera más inteligente. «Léale cuentos de hadas», contestó.

La mujer, convencida de que lo decía en broma, se rió y dijo: «¿Y qué se supone que debería hacer después de haberle leído cuentos de hadas?». Einstein respondió: «Leerle más cuentos de hadas».

Los cuentos de hadas requieren una mente atenta a los detalles, muy activa en la resolución de problemas, capaz de viajar por los corredores de la predicción y la búsqueda del significado, y dispuesta a deslizarse por los torrentes de la emoción.

* * *

A menudo, los cuentos de hadas están recopilados en libros voluminosos y poco ilustrados. Esta falta de imágenes infunde un carácter muy especial a las historias, pues la imaginación de los niños tiene que trabajar un poco más durante la lectura. Mientras escuchan un alud de palabras, deben usar activamente la mente para crear sus propias ilustraciones, es decir, deben desarrollar aquella importantísima imaginación que tanto fomentaba Einstein.

Muchas veces, en lugar de leer historias, las cuento. No hay libro, no hay ilustraciones, y algunos de los niños que escuchan, cuya imaginación se ha visto sometida a la abrumadora avalancha derivada de interminables horas frente al televisor, tienen dificultades para recrear escenas, personajes y sucesos en su mente. Una vez, en uno de los momentos más dramáticos de un cuento que estaba contando, un niño sentado en las filas de atrás gritó desesperadamente: «¡No puedo ver! ¡No puedo ver!», sin advertir que no había libro alguno. El cerebro de este tipo de niños, sin tener culpa de nada, sufre una especie de oxidación a una temprana edad y es posible que nunca lleguen a desarrollar todo su potencial intelectual.

Los cuentos de hadas, al igual que los mejores libros ilustrados y las mejores novelas, proporcionan a los pequeños reglas para vivir. Nos revitalizan con sus grandes ejemplos de amor y tristeza, valor y fortaleza; con sus personajes actúan con coraje frente a los imprevistos, tomando un sinfín de decisiones y velando por los oprimidos. Son los mejores sermones literarios, pues recalan en el recuerdo de los niños y permanecen allí a modo de postes indicadores para una vida de bienestar. Los expertos nos dicen que muchos jóvenes criminales que nunca han estado expuestos a los elementos de causa y efecto que abundan en los cuentos, sobre todo en los de hadas, son literalmente incapaces de imaginar las consecuencias de sus actos delictivos. Para subsanar esta carencia, algunos programas de rehabilitación incluyen la lectura en voz alta de cuentos a los delincuentes juveniles.

En *Psicoanálisis de los cuentos de hadas*, Bruno Bettelheim asegura que los cuentos de hadas son tan importantes para el desarrollo social humano que deberíamos leerlos lo más a menudo posible y que los que eligiéramos deberían ser las versiones originales descarnadas, no las versiones asépticas y edulcoradas.

Cuando los niños escuchan cuentos de hadas, a menudo terroríficos, permanecen en silencio, fascinados, atónitos, boquiabiertos, e incluso pueden llorar. Pero si se sienten delicadamente seguros con nosotros mientras se está leyendo la historia, lo cual resulta esencial, estarán dispuestos a revivir el drama. En las historias de miedo, es un tercero quien sufre las consecuencias; de ahí su atrac-

tivo. Al final, el niño es rescatado con un salvavidas de felicidad cuando los buenos viven felices para siempre y los malos acaban fatal.

Algunos padres y educadores remilgados consideran que es negativo experimentar este nivel elevado de emoción a través de la literatura, pero los psicólogos infantiles no están de acuerdo. El verdadero objetivo de los libros consiste en hacernos vivir realidades problemáticas diferentes de las propias para, así, poder experimentar las emociones adecuadas, empatizar, emitir juicios de valor y mantener intacto nuestro propio interés. Si volvemos aséptico todo lo que leen los niños, ¿hasta qué punto será impactante y confuso el mundo real cuando por fin tengan que enfrentarse a él?

13

Televisión: el bueno, el feo y el malo

Leer no es intrínsecamente «bueno», del mismo modo que la televisión no es intrínsecamente «mala». Lo que importa para los niños, y también para los adultos, es el placer, las experiencias, la relajación, la excitación, el trabajo de la mente, un mayor conocimiento del mundo y la satisfacción que obtienen de la lectura y la televisión.

La mayoría de nosotros nos sentimos culpables por el hecho de que nuestros hijos vean demasiada televisión. Sin duda alguna, los equipos de televisión deberían estar prohibidos en los dormitorios infantiles si lo que queremos es que aprendan a amar los libros y se conviertan en lectores de por vida. Sin embargo, eliminar la televisión sería absurdo, innecesario e indeseable. Ni la televisión ni Internet se esfumarán. Están aquí para quedarse, y sus atractivos son innumerables.

Los niños aprenden muchísimas cosas de una buena televisión. Les revela nuevos mundos y experiencias diferentes, les proporciona valiosas reflexiones que amplían su mente y resulta de gran ayuda cuando empiezan a aprender a leer. Decididamente, el valor enriquecedor de la televisión nunca se debería desdeñar.

No obstante, si los niños ven la televisión por la mañana antes de ir a la escuela, deberían ver única y exclusivamente los programas más delicados y adaptados a su ritmo, que los traten como a seres inteligentes e inquisitivos, y no como a consumidores idiotas. La televisión matinal de mala calidad perjudica gravemente la capacidad de concentración de los pequeños durante el resto del día, ensombrece su cerebro y establece peligrosas expectativas escolares que no se cumplirán: rápidos correteos, cambio de luces y colores, chillidos en *off*, rápidos cambios de tema, es decir, cosas que sencillamente no ocurren en la mayoría de las aulas normales.

* * *

En lugar de mostrarnos ansiosamente indulgentes con la televisión, podríamos concentrarnos en lo que podemos hacer para conseguir que la lectura ofrezca el mismo atractivo. Tengo una jovencísima conocida que era tan adicta a la televisión que nunca leía un libro, pese a saber leer. Su madre, muy preocupada, me pidió consejo, pues se estaba quedando retrasada respecto a sus compañeros de curso. ¡Lo primero que descubrí fue que le habían prohibido leer en la cama!

Por supuesto, tenía una lámpara cerca por si se despertaba por la noche y tenía miedo, y había libros en las estanterías, pero carecía del estímulo necesario para leer, o de tiempo para hacerlo, o de un lugar lo bastante tranquilo para disfrutar de un ratito de lectura. En casa, el televisor siempre estaba encendido, y en invierno no había ningún rincón caliente para leer, pues en la estancia más cálida estaba el televisor. Tampoco había ningún sofá cómodo para poder acurrucarse y leer; el único sofá estaba en la cálida, bien iluminada y ruidosa estancia donde se hallaba el televisor. Y en verano tampoco había ningún lugar fresco para leer, pues, una vez más, la estancia más fresca y la única que disponía de sofá era la del televisor.

La ansiedad de la madre acerca del nivel de lectura de su hija estaba más que justificada. Estaba convencida de tener un gran problema, pero éste se solucionó por sí solo cuando proporcionaron a la niña estos elementos fundamentales: estímulo, tiempo, libros, revistas, luz, silencio, calidez en invierno y frescor en verano, y la comodidad de poder leer en la cama cada noche.

* * *

Desde un punto de vista infantil, una de las principales características de la televisión es su falta de competitividad. No hay buenos telespectadores ni malos telespectadores. Nadie tiene la menor idea de cuál es nuestra capacidad como telespectadores —nadie es mejor ni peor—, y ninguna madre comenta orgullosa a otra madre, a la entrada de la escuela: «A Brett le han puesto en el primer grupo de telespectadores. ¡Estamos tan emocionados!».

Pero en la escuela todos los niños saben quiénes son los mejores y los peores lectores. Las pautas de lectura están diseñadas de tal forma que toda la clase sabe que los niños más lentos —los más retrasados desde una perspectiva escolar— continúan teniendo un bajo nivel de lectura en tercer grado. Su vergüenza preside la atmósfera del aula y altera su vida, convirtiéndolos en un fracaso público. ¿Es de extrañar que prefieran ver la televisión?

* * *

Recuerdo a una niñita en Adelaide que aseguraba odiar la lectura. Cuando le pregunté por qué, respondió: «Porque se me cansan las piernas». Era evidente que le habían ordenado demasiado a menudo que leyera en voz alta en un entorno física y emocionalmente adverso, de pie en el despacho del profesor y esperando, asustada, a que le corrigieran a cada segundo. ¿Quién ve la televisión de pie?

Aquella pobre pequeña asociaba los libros con el miedo, la vergüenza y el aburrimiento. ¿Alguna vez la televisión ha provocado miedo, vergüenza o tedio? ¿A alguien le extraña que a los niños les guste la televisión?

Como es natural, también preferirán ver la televisión que leer si se les obliga a lidiar con un sinfín de «lecturas escolares» con un lenguaje rocambolesco, unos argumentos faltos de inspiración y unas ilustraciones banales. Es imposible comparar la amenidad de la televisión con el aburrimiento de este tipo de lecturas.

Cuando Chloë estaba en primer curso, en la escuela se esperaba que fuese capaz de desentrañar el absurdo sentido de una amplia gama de lecturas escolares. Insistía en leernos en voz alta cada noche el número indicado de páginas, pese a ser ridículo e innecesario, pues ya era capaz de leer libros ilustrados con una exquisita fluidez.

El peor aspecto de este ejercicio era la forma de leer. En lugar de hacerlo con expresión, como era habitual en ella, lo hacía como un niño que está aprendiendo a decodificar las palabras de una página por primera vez:

—Tim, • Pat • y • Ro • ver • fueron • al • parque • a • jugar.

—¡Por todos los diablos! ¿Por qué lees de este modo? —le pregunté.

—¡Porque así es como hay que hacerlo en la escuela, tonta!

Me reí tanto que Chloë acabó llorando. Y a Malcolm no le quedó otro remedio que escucharla noche tras noche.

Me resultaba imposible soportar aquella situación y no podía quitarme de la cabeza que aquella actividad estaba apartando a mi hija de los libros. En ninguna escuela dicen: «*Tenéis* que ver tal o cual cantidad de televisión esta noche». La vemos porque queremos hacerlo. Por otro lado, la televisión no provoca nunca esta extraordinaria tensión, otra de las razones por las que gusta tanto a los niños.

Pero, como es lógico, también les continuarán fascinando los libros si seguimos leyéndoles obras brillantes de excelentes autores cuyo estilo resulte atractivo, que trate de la vida y que anide en el corazón.

14

Resolución de problemas

Nuestros hijos no pueden permanecer en casa eternamente mientras les leemos en voz alta. Tienen que ir a la escuela, lo cual puede ser una experiencia emocionante o bien una de aquellas que echa por la borda todas las esperanzas, dependiendo de la escuela y de los métodos que utilice para enseñar a leer y escribir.

Cuando un niño tiene dificultades para aprender a leer en la escuela, nuestro primer impulso consiste en echarle la culpa. Es lo más injusto que podemos hacer. Es posible que el libro que está intentando leer esté pésimamente ilustrado o terriblemente escrito, o que sea demasiado difícil o que provoque un bostezo monumental. Cuando se coloca una lectura escolar frente a un niño que fracasa en el aprendizaje de la lectura, todo se vuelve tenso: el cuerpo, la mente, el profesor, la situación, incluso el mismísimo aire. Desaparece la diversión —no hay tiempo para *eso*— y también se desvanece el aprendizaje, pues el niño está excesivamente petrificado como para progresar.

Otro problema puede residir en la relación entre el adulto y el libro que está leyendo: el adulto puede detestar el libro porque es aburrido y carece del menor sentido. En tal caso, este sentimiento puede convertirse en impaciencia e irritación con el niño, que está haciendo lo indecible para descifrarlo.

Y otra dificultad podría estar relacionada con la ruptura de la relación entre el niño y el adulto. Para decirlo discretamente, el adulto —tal vez el maestro— y el niño no congenian y, para decirlo con franqueza, es posible que se detesten mutuamente. En estas circunstancias, la lectura feliz jamás fructificará.

* * *

Hay un grupo de niños difíciles que no quieren aprender a leer, aunque se les haya leído en voz alta durante años. Muchos de ellos, aunque no todos, no son primogénitos, y han llegado a apreciar tanto la atención paternal individualizada y la calidez en el transcurso de las sesiones de lectura en voz alta antes de acostarse que, subconscientemente, creen que, si aprenden a leer, esta atención tan especial desaparecerá. No se dan cuenta de que sus padres continuarán leyéndoles en voz alta tantos años como sea posible, tanto si saben leer como si no, porque los beneficios de esta actividad son realmente extraordinarios. Debemos asegurarnos de que sepan que no dejaremos de leerles cuando hayan aprendido a hacerlo por sí solos.

Estos niños pueden tardar más de la cuenta en aprender a leer, pero al final acabarán haciéndolo. La lectura en voz alta que tanto les fascina propicia el desarrollo de su alfabetización, al margen de lo que tarde en florecer.

* * *

No todas las dificultades de lectura están asociadas a las relaciones. Algunos niños cometen muchísimos errores al leer, y es un verdadero problema. ¿Deberíamos corregirlos? En general, los niños a los que se les ha leído en voz alta con regularidad no incurren en una lectura absurda de las palabras, pues son conscientes de que la escritura siempre tiene un sentido. Llevan demasiado tiempo oyendo cómo las palabras se unen para formar frases significativas. Es posible que prefieran decir «hogar» cuando el texto dice «casa», pero esto está muy bien y no conviene darle más importancia de la que tiene, pues al fin y al cabo el significado es más o menos correcto.

Pero si cometen errores realmente bobos o leen tonterías tales como «la luna es verde y cuela por el sumidero», la cuestión se complica. Deberían dejar a un lado este libro y pasar mucho más rato —y más a menudo— escuchando nuestra lectura en voz alta.

* * *

En ocasiones, cuando los niños son incapaces de leer una determinada palabra, elevan la mirada en busca de ayuda. Debemos recanalizarla hacia la letra impresa y acostumbrarlos a saber que es allí donde residen los secretos de la lectura, no en el aire que nos rodea o en nuestro rostro.

Tienen que aprender que mirar las palabras podría proporcionarles la ayuda que necesitan. Si miran la palabra y aun así no pueden pronunciarla, no deberíamos prolongar la espera, sino decirles de qué palabra se trata, asegurándonos de que están mirándola mientras la pronunciamos.

Cuanto más les leamos en voz alta un libro determinado antes de que puedan hacerlo por sí solos, menos elevarán la mirada en busca de ayuda y serán capaces de adivinar el significado de las palabras difíciles utilizando la información que han acumulado en su memoria, además de la letra impresa en la página, su conocimiento del lenguaje y del mundo.

* * *

Cuando un niño nos lee en voz alta con un extraordinario aplomo y con la máxima corrección, es muy tentador comentar sólo los deslices y los errores, como si fueran el único centro de nuestra atención. Esto desanima muchísimo a los jóvenes lectores, sobre todo a los que tienen dificultades para leer. Debemos controlar nuestra actitud en estas situaciones y estimularlos con comentarios tales como: «Bien», «¡Estupendo!», «Excelente» y «¡Lo estás haciendo muy bien!».

Pero tampoco hay que caer en el elogio excesivo, pues no es bueno para los niños. Debemos ser sinceros, si no queremos transmitirles una falsa idea de sus capacidades, lo cual podría hacer que se sintieran resentidos y descorazonados en el futuro. Se sentirán engañados si se les comentan constantemente sus grandes éxitos y luego, al final, descubren que esto no siempre era cierto. Aun así, la experiencia de lectura en voz alta en casa debe ser decididamente positiva y divertida.

* * *

Si un niño lee incorrectamente su libro favorito una y otra vez, podríamos caer en la tentación de forzar la marcha mostrándonos terriblemente severos y obligándolo a concentrarse en la lectura de las palabras correctas en el momento correcto. Después de todo, ¡no puede seguir leyendo mal toda la vida! Con todo, hay que proceder con cautela. Si nos dejamos llevar por la ansiedad acerca de los libros y la lectura, todo el amor, el juego y la felicidad derivadas de las experiencias de lectura desaparecerán, y esto sería desastroso. Es posible que el niño simplemente necesite escuchar más veces la historia en voz alta, o quizá podríamos sugerirle un juego de «concentración en las letras y las palabras».

Así, por ejemplo, la madre podría leer el libro y luego decir a su hijo: «Ahora elegirás una palabra del libro, la que quieras, y yo te diré con qué letra empieza. Luego, elegiré una y tú dirás con qué letra empieza. Pero hay un truco. No podemos utilizar la misma letra dos veces, de manera que tendrás que confeccionar una lista de las letras que han salido. Si alguien repite una letra, pierde». Este juego obliga al niño a escribir las letras del alfabeto.

Cuando ambos estén jugando, la madre leerá en voz alta todas las palabras elegidas, tanto si se trata de su turno como del de su hijo, se asegurará de que éste es capaz de identificar las palabras, lo estimulará en todo momento, perderá el juego eligiendo dos veces una misma letra y ayudará al niño a confeccionar la lista de las letras usadas. Poco a poco, el niño aprenderá las palabras que antes leía incorrectamente.

No hay que ignorar la resistencia del niño a seguir jugando. Si no quiere jugar, no conviene insistir, sino seguir leyendo en voz alta con toda normalidad.

* * *

Como ya dije al principio de este capítulo, es injusto echar la culpa a los niños cuando fracasan en su intento de convertirse en lectores. Es demasiado fácil catalogarlos de «incapacitados para la lectura» o «incapacitados para el aprendizaje». Quizá sería más apropiado llamarlos «víctimas de una selección de libros incorrecta», «incapacitados para las relaciones» o, en algunas circunstancias, incluso «minusválidos de profesor». Sin comerlo ni beberlo, estos niños «incapacitados» tardan más años de lo normal en aprender a leer, y algunos no lo consiguen jamás. A menudo, los desesperados padres disimulan sus

Érase una vez...
horacek

problemas de lectura en la escuela etiquetándolos de «dislexia», una condición socialmente aceptable. No niego que algunos niños y adultos sufran una auténtica dislexia, pero no hay duda de que se ha realizado un uso abusivo de este término.

La ansiedad debería asomar cuando un niño de 8 años no sabe leer. Entre los 8 y los 9, tal vez sea necesaria la ayuda de un profesional. Aun así, no hay que someter nunca al niño a una presión indebida, ya que la presión y el sentimiento de fracaso no ayudan a los pequeños con dificultades para el aprendizaje de la lectura. El objetivo consiste en conseguir que la lectura sea tan extraordinaria para ellos como lo es para la mayoría de nosotros: divertida, hilarante, apasionante, útil, interesante, emocionante, esencial y deseable.

* * *

Suceda lo que suceda en la escuela, continuar leyendo en voz alta en casa debería resolver la mayoría de los problemas de lectura y debería proporcionar a los niños una rampa de lanzamiento directa hacia su felicidad, su alfabetización y su futuro.

15

La prueba

Hace algunos años, una mujer me paró en la calle después de una de mis apariciones en un programa de la televisión nacional y dijo: «Usted es esa mujer que lee en voz alta, ¿verdad?». ¿Era eso realmente? ¿En qué me había convertido? Con todo, había calificativos peores para designarlo.

* * *

Aquella noche recibí un mensaje en mi página web de Allan Bartlett, un padre de Melbourne que también me conocía de la televisión como «esa mujer que lee en voz alta». Él y su esposa, Donna, habían leído con regularidad a su hijo con unos resultados más que notables. Justin tenía por aquel entonces 21 meses.

Lo habían introducido en el mundo de los libros a los 6 días de edad. A sus padres les pareció que sería positivo hacerlo así. Añadía interés a la rutina diaria de cuidados del bebé y, al parecer, al pequeño le habían gustado los libros y que le leyeran desde el principio.

Su alborozo iba aumentando paulatinamente, día a día y semana a semana. A los 3 meses sabía perfectamente cómo había que sostener un libro e incluso adivinaba el momento de pasar la página, respondiendo a la evidente pausa en la lectura. ¡A los 3 meses!

No tardó en demostrar cuáles eran sus libros favoritos, la mayoría de los cuales tenían sencillas palabras rimadas o piezas móviles que le fascinaban. A los 6 seis meses era capaz de identificar muchos de los libros señalando el título de la cubierta y cada vez seguía mejor la letra impresa de izquierda a derecha. Podían pasarse una hora sentados leyendo veinte cuentos cortos y no mostraba síntomas de cansancio.

Pronto fue capaz de pronunciar dos o tres palabras seguidas, intentando «leer» al tiempo que lo hacían sus padres y llenando los vacíos que dejaban en algunas frases. Se sabía los libros prácticamente de memoria.

A los 21 meses aquel pequeñín tenía un vocabulario de más de quinientas palabras, que su madre atribuía a lo que

había aprendido con los libros. También podía identificar visualmente alrededor de veinte palabras.

Esta asombrosa información podría sumirnos en una profunda depresión de «comparar y desesperar», aunque es preferible optar por sentirnos inspirados, animados y estimulados. Al fin y al cabo, el aprendizaje de Justin era fortuito. Se había divertido. Sus padres no habían hecho nada especial con él, excepto amarlo, jugar, leerle y ofrecerle libros en abundancia y tiempo para disfrutarlos.

Justin podría ser el hijo de cualquiera: tuyo, mío o del vecino. No es un niño superdotado. No es un fuera de serie. Es normal. Pero tiene una increíble bendición en su vida: unos padres que le leen en voz alta.

horacek